KB063533

가장 인간적인 미래

일러두기

- 이 책은 엔씨소프트가 세계적인 석학들과 토론을 이어가며 AI 기술을 바라보는 새로운 관점을 제시하는 'AI 프레임워크(Framework)' 시리즈를 바탕으로 했다.
- 책 제목은《 》로, 논문 제목은〈 〉로, 기사, 잡지 등의 제목은 ' '로 표기했다.

공멸의 시대에서
공존의 시대로,

인간과 인공지능의
새로운 질서를 말하다

윤송이 외 지음

가장 인간적인 미래

추천의 글

"사랑? 얼마면 돼?" 드라마 〈가을동화〉의 이 대사는 20여 년이 지난 지금까지도 기억에 남는다. 사랑을 돈으로, 인간적인 가치를 구체적이고 측정 가능한 가치로 환산하려는 시도가 억지스럽고 이상하게 느껴지기 때문이다. 인간적인 가치를 측정 가능한 가치로 수치화하는 것은 매우 오래되고 어려운, 복잡한 문제다. 그런데 이 흥미로우면서도 골치 아픈 문제가 AI 기술의 발전으로 새롭게 대두되었다. 인간적인 게 무엇인지 인간끼리도 합의하기 어려운데, 인간적인 시스템을 구체적인 AI 기술로 구현해야 한다니. 페이스북이 비윤리적이라고 분노했던 학생들도 정작 자신이 소셜 미디어 기업의 직원을 가정하고 과제를 수행할 때는 윤리적 고민 없이 사용자 프로필 사용을 계획했다. 이렇듯 맥락에 따라 바뀌는 사람들의 윤리적 관점들을 어떻게 통합적으로 바라보고 접근해야 '인간적인 미래'를 AI 기술과 더불어 만들 수 있을지, 우리 모두 고민해보게 된다.

《가장 인간적인 미래》는 다방면의 석학들과의 대담을 통해 이 문제에 대해 앞서 고민한 이들의 통찰을 제시한다. 신기하게도 다양한 배경과 전공을 가진 이들의 고민과 통찰이 한 방향으로 수렴하고 있다. 이 복잡하고 중요한 문제를 어떻게 풀어갈지 제시하는, 이 시대에 꼭 필요한 '지도'와도 같은 책이다.

_ 전병곤(서울대 컴퓨터공학부 교수, FriendliAI 대표)

우선 책 제목을 보고 생각했다. '새로운 기술이 여는 세상과 윤리'라고 할 수도 있었을 텐데, 인간과 미래를 가장 마지막 단어로 삼았다. 그 이유는 뭘까? 저자는 미래의 한 인간, 새로운 기술(AI)로 만든 어떤 것을 향유할 수도 혹은 그것 때문에 고통받을 수도 있는 한 아이의 얼굴을 본 것이 아닐까. 몇십 년을 뛰어넘어 그 아이의 삶에 영향을 미칠 수 있다는 것을 알아차린다면, 새로운 기술을 대하는 태도가 그 이전과 결코 같을 수 없을 것이다. 새로운 세상의 규칙, 위험과 딜레마, 편견의 극복…. 최적의 알고리즘만 찾던 공학자는 필연적으로 철학자의 손을 잡고 지도를 그려나가게 된다. 내가 사라진 후의 세상을 생각하면서. 그때부터 공학자의 목표는 스톡옵션이 아니라 아무도 그 시작을 기억하지 않는 알고리즘 한 줄, 모두를 조금 더 행복하게 만드는 것일 수도 있다.
이 책을 읽는 이들이 이런 장면을 떠올리며 책장을 넘겼으면 한다. 포스트 아포칼립스의 세상. 황폐한 사막을 건너가는, 무엇이 새로운 세상의 공정한 원칙인지 모르고 하루하루를 사는 떠돌이가 있다. 그리고 사막 한가운데 근사한 정착지가 나타난다. 그곳에선 철학자, 사회학자, 컴퓨터 과학자, 기업가, 정치인 모두 기술과 철학을 동시에 이해하고 새로운 세계의 윤리에 대해 동등하게 연구하는 사람들이 웃으며 당신을 맞이한다. 인류 최후의 요새 같은 그곳에서, 따뜻한 음식 한 그릇을 놓고 테이블 말석에 앉아 토론하는 밤을 상상하면 어떨까.

_ 김종우(MBC 〈너를 만났다〉 PD)

높은 지능을 갖춘 AI와 함께 살아가는 미래 사회를 상상해본다. 우리가 미래를 결정할 수 있다면, 어떤 모습일까? 미래에도 인류가 간직해온 가치와 윤리가 유지될 수 있을까? 무엇이 이상적인 미래이며, 그 기준은 어디에 두어야 할까? 나는 실리콘밸리에서 오랫동안 최첨단 AI 기술을 개발하면서도 이에 대한 뚜렷한 답을 찾지 못했다.
이 책은 어두운 바다에서 표류하는 우리에게 가장 인간적인 미래로 나아가는 길을 보여준다. 당신은 책장을 넘길 때마다 세상에 없던 질문을 마주하게 될지도 모른다. 하지만 불확실한 미래를 누구보다 먼저 그리고 싶다면, 반드시 필요한 질문이다. 이토록 혼란한 시기에 인간의 미래에 대한 따뜻한 시선과 깊은 통찰을 선사하는 책을 만난 건 행운이다.

_ 조성정(메타 엔지니어, 전 구글 엔지니어)

AI가 인류의 삶에 완전히 스며들면서, AI의 윤리에 대한 논의가 전 세계적으로 뜨거워지고 있다. 2021년 EU의 AI 규제 법안이 발표되었고 우리나라 정부에서도 윤리 가이드라인을 공개했으며, 네이버, 카카오, 엔씨소프트 같은 기업에서도 자체적인 AI 윤리 준칙 등을 마련해 발표했다. 특히 학문의 경계를 허물어야 '사람을 돕는 인공지능'이 실현될 수 있다는 이 책의 주장에 공감한다. 시간이 흐를수록 인간과 AI가 상호작용하는 사회를 실현할 수 있으므로 처음 설계할 때부터 사회, 철학, 윤리적인 부분을 염두에 두어야 하며, 이를 위해 개발자, 사용자, 정부 등 다양한 주체 간 꾸준한 논의를 통한 사회적 공감대 형성이 중요하다는 점 또한 주목할 만하다.
인간과 AI가 공존하기 위한 새로운 질서를 제안하는 이 책은 복잡하고 불확실한 시대에 당신만의 지적 무기가 될 것이다. 무엇보다 기업가는 물론 교육, 인문, 사회과학자, 정부 정책 관련자, 그리고 미래 세대를 만들어갈 젊은 세대에게도 깊은 영감을 줄 것이다.

_ 하정우(NAVER AI Lab 소장)

최근 들어 이루어진 AI의 발전은 매우 경이롭다. 학생들에게 AI를 가르치는 교수이면서 AI 연구 개발의 최전선에 있는 연구자로서, AI 연구 성과는 커다란 자부심과 기대를 주고 있다. 그러나 AI의 빠른 발전 속도와 놀라운 결과물에 일말의 두려움과 책임감도 느낀다. 이 책은 우리가 화려한 성과에 취해 AI가 사회에 미치는 영향을 간과하지 않았는지 일깨워준다. AI의 윤리적 이슈와 사회적 책임에 대한 고민과 대책이 필요한 지금, 이 책은 좋은 화두와 길잡이가 될 것이다.
AI를 연구하고 개발하는 과정에서 인문 사회과학자들과 깊이 있게 대화하며 함께 공동의 윤리적 기준을 만들어가야 한다는 주장에 공감한다. 이를 위해 스탠퍼드, 하버드, MIT가 수행하는 수많은 시도와 노력은 지금 우리에게 큰 시사점을 제공한다.

_ 이성환(고려대학교 인공지능학과 교수)

'삶은 인공지능으로 이미 가득 차 있다.' 이 문장은 AI 회사의 마케팅 문구가 아니다. 실제 현실이 그렇다. 우리는 AI가 안내하는 길을 따라 차를 몰고 AI가 추천하는 셔츠를 주문하고 AI가 골라주는 음악을 흥얼거린다. 생선 통조림 공장에서 불량품을 찾아내고 생산 공정을 관리하는 주체도 AI다. 하지만 여전히 많은 이들에게 AI의 심리적 장벽은 높다. 이러한 막막함은 일시적 적응 과정에 불과할 것이다. 우리 부모 세대는 영어를 버거워했지만, 지금 우린 일상에서 '모멘텀momentum'과 '티어tear' 등의 영어를 예사로 쓰듯 AI 관련 지식도 비슷한 길을 갈 것이다. 물론 AI 보편화 시대에 빨리 적응하는 길은 있다. 이 책이 좋은 길잡이가 되어줄 것이다.

'윤리 의식이 있는 AI 엔지니어를 키우려면 대학에서 무엇을 가르쳐야 할까'라는 실용적 질문부터 '데카르트가 지금의 AI를 보면 어떤 생각을 할까'와 같은 묵직한 논의까지 종횡무진하며 깊이 있게 전개해나간다. 무엇보다 컴퓨터 과학에서 출발한 AI가 경제·교육·행정 등 여러 분야와 융합하는 현 추세를 이해하는 데 요긴하다. AI 관련 소식이 넘치는 지금의 '정보 멀미'를 이겨내고 변화의 큰 그림을 보려는 이들에게 일독을 권한다. 누구보다 'AI 문해력'이 절실한 이들이 바로 기자인 만큼 언론계 동료들에게도 이 책을 추천하고 싶다.

_ 김태균(연합뉴스 콘텐츠인큐베이팅팀장)

‘AI’라는 단어는 좁은 의미에서는 ‘알파고’와 같은 알고리즘 또는 소프트웨어를 의미하지만, 넓은 의미에서는 미래 사회의 근간이 되는 패러다임이다. 이렇듯 AI는 개인에 따라 각자 다른 의미와 형상으로 새롭게 그려지고 있다. 그런 의미에서 이 책은 AI를 다양한 측면에서 들여다보고 이해할 수 있는 안내자 역할을 한다.

AI는 인간의 생각하는 능력을 흉내 내면서 점차 진화할 것으로 예상되기에, AI가 변화시킬 미래 사회의 모습은 과거의 증기기관, 컴퓨터, 자동차 등 기술 혁신의 결과가 가져온 변화보다 훨씬 예측하기 어렵다. 이미 AI에 의한 디스토피아적 미래를 다룬 수많은 영화, 소설이 있듯, AI가 가져올 미래는 장밋빛으로만 볼 수도, 비판적으로만 볼 수도 없다. AI는 조심해서 다루고 공존해야 할 대상임에는 틀림없다. 그런 의미에서 이 책의 제목인 ‘가장 인간적인 미래’는 저자가 추구하는 지향점이며, 인간 중심의 AI를 위해 우리가 풀어야 할 과제가 무엇인지 돌아보는 데 필요한 인사이트가 이 책에 담겨 있다. 불확실한 미래를 살아갈 모두가 꼭 읽어봐야 할 책이다.

_ 이윤근(ETRI 인공지능연구소장)

국가의 AI 연구 개발 방향을 고심하고 있는 사람으로서 최근 가장 많이 받는 질문 중 하나가 인공지능이 미래의 인간 생활에 미칠 파급효과에 대한 우려다. 일자리 문제, AI의 오류나 개발자의 악의에 의한 사회적 영향 등이 그것이다. 이러한 우려가 커지고 있다는 것은 인공지능 규제론이 힘을 키워가고 있다는 의미이기도 하다. 이러한 우려에 대해 나는 때 이른 인공지능 기술 개발 규제 논의를 견제하며 시간적 여유를 가지고 논의해나가자고 제안하곤 했다.

그런데 이 책을 읽으면서 우리가 당장 실천할 수 있는 일이 매우 많다는 사실을 깨달았다. AI 기술을 개발한 후 사용하면서 문제점을 찾는 것이 아니라 AI 기술을 기획·개발하는 과정에서도 파급효과나 편향성 등을 미리 고려하도록 교육하는 것, 그리고 윤리나 철학 등 개발자로서 생각하기 어려운 개념에 대해서도 관련된 사람들과 지속적으로 논의하는 것이다.

이 책은 다양한 영역의 전문가와 이야기를 나누며 인공지능과 공존하는 우리의 미래를 다루고 있기에 AI와 친숙한 사람은 물론, 인간의 삶이나 사고에 대해 고뇌하는 인문학자에게도 많은 영감을 줄 것이다. 또 인간적인 미래를 위한 인공지능의 역할과 관련해 건설적인 논의에 동참할 계기를 제공할 수 있을 것이다.

_ 이현규(IITP, 과학기술정보통신부 인공지능 PM)

프롤로그

인류의 과제,
가장 인간적인 미래를 위하여

"히어로 캐릭터의 성별 비율을 같게 하는 것이 어떨까요?"

모든 게임이 그렇다고 단정할 수는 없지만, 게임에 등장하는 스토리는 대부분 남성 위주로 개발되어왔으며, 핵심 캐릭터의 절대다수는 남성성을 지닌 히어로가 차지하고 있습니다. 현시점에서 보면 의아할 정도로 젠더 편향성을 보이는 셈이지만, 게임 산업이 발전해온 역사를 돌아본다면 어느 정도 이해할 수는 있습니다. 게임 기획·개발을 포함한 산업 관련 제반 인력과 사용자 기반에 이르기까지 남성의 수가 압도적으로 많았음을 부인할 수 없기 때문이죠. 하지만 최근에는 여성 사용자가 증가하고 있고, 게임뿐 아니라 우리 사회의 여러 영역에서 젠더 편향의 문제점이 드러나고 있습니다.

그래서 저는 그간 미처 관심을 기울이지 못했던 이 부분에 대해 환기하고 논의해보자는 취지에서 개발자들에게 앞과 같은 질문을 던졌습니다. 그런데 제가 전혀 상상하지 못한 답이 돌아왔습니다.

"왜 그래야 하죠?"

당연히 중시해야 할 부분에 대해 지금까지 잘 모르고 있었다고, 혹은 중요하다는 것은 알고 있었지만 미처 신경 쓰지 못했다고, 그러니 어서 그렇게 하자고 동의하는 흔쾌함을 막연히 기대했던 것 같습니다. 그래서 왜 그렇게 해야 하느냐는 반문을 접했을 때 당황할 수밖에 없었습니다.

'왜 캐릭터의 성별을 균형 있게 맞추는 것이 좋은가?'

'왜 균형 있는 것이 더 좋은 것인가?'

그러고 나니 저 또한 그저 당연히 그래야 한다고 생각하고 있었을 뿐, 그렇게 해야 하는 이유에 대해서는 스스로에게 제대로 질문을 하거나 그 질문에 대한 답을 충실히 준비해본 적이 없다는 것을 깨달았습니다. 이 깨달음은 무엇이 옳고 그른지, 진정 옳은 것은 무엇이고 그른 것은 무엇인지 끊임없이 질문하고 어떻게 그 답을 찾아 나가야 할지 생각하도록 이끄는 계기가 되었습니다.

AI는 이제까지 존재했던 그 어떤 기술보다 빠른 속도로 발전하고 있을 뿐 아니라, 예상보다 훨씬 더 자연스럽게 일상 곳곳에 스며들어왔습니다. AI 기술의 영향력은 지난 한두 해만 봐도 그 전과 비교할 수 없는 수준으로 강력해졌으며, 그 범위 또한 산업계를 넘어 정치·경제·문화적 차원으로 확대되고 있습니다. AI는 이제 더 이상 컴퓨터 과학 분야의 한 갈래가 아니라, 우리가 매일 마주하는 일상의 기술이자 인류 사회의 모든 면면에 엮여 있는 핵심 요소가 되었습니다.

인류가 생산하고 축적해온 수많은 데이터에 기반해 세상을 보고 판단하는 기준을 학습하는 AI는 왜곡된 시선이나 이해 부족에서 비롯된 편견 혹은 나쁜 습관을 확대 재생산할 수도 있고, 인류 생존에 이바지해온 지혜로운 선택과 아름다운 문명을 강화할 수도 있습니다. 이처럼 AI가 인류 사회 전반을 뒤흔들 만큼 강한 영향력을 확보해나가고 있다는 사실은 종종 인간의 미래가 AI를 비롯한 기계에 잠식당하리라는 불안감을 증폭시키기도 합니다. 하지만 저는 이런 불안과 혼돈의 시기일수록 진짜 인간이 할 수 있는 일이 오히려 더 명확하게 드러난다고 생각합니다. 아무것도 결정되지 않은 미래 앞에서 인간은 언제나 나약한 운명을 끌어안은 채 다음은 어디로 발을 내딛어야 할지 함께 더듬어 묻고 또 물으며, 단단한 땅을 힘차게 짚어 뛰고 짓무른 땅에 빠진 발은 힘겹게 꺼내 털며 매 순간 방향을 선택해 걸어왔으니까요. 가장 인간적이고, 인간만이 할 수 있는 방식으로요.

그러므로 아직 오지 않은 우리의 시간을 인간답게 채워나가기 위해, 과거의 오류를 답습하지 않고 보다 나은 미래로 만들어나가기 위해 더 많은 질문과 걱정과 생각이 드러나야 합니다. AI에 대해, AI와 더불어 서로 끊임없이 묻고 부딪히며 길을 찾는 논의를 이어나가야 합니다. AI가 내딛는 한 걸음 한 걸음의 영향력이 큰 만큼 허투루 나아갈 수 없고, 어느 방향으로 움직여야 할지, 또 어떤 방법으로 함께 살아나갈지 최대한 다양한 관점을 모아 숙고하고 토론해야 합니다. 모든 시선이 중요하고 필요합니다. 더 나은 것이란 무엇인지, 옳은 선택이란 어떤 것인지 서로가 서로에게 계속 묻고 생각하며, 사회적 합의가 이루어지지 않은 부분이 있다면 이에 대한 질문을 던지는 가운데 공통의 생각을 모아가는 것이 지금 우리가 수행해야 할 시급하고 중요한 과제입니다. 이 과제는 우리 일상과 동떨어진 AI 전문가들의 학문적 연구 주제가 아니라, 매일의 삶을 AI 기술과 더불어 꾸려가고 있는 우리 모두의 당연한 권리이며, 인류에게 보다 이로운 방향으로 미래 사회를 일구어나가야 할 책임이기도 합니다. 오늘 내 스마트폰 잠금을 편하게 풀어준 얼굴 인식 기술이 창문 너머를 엿보는 드론에 적용되어 누군가를 감시하는 데 쓰이게 하지 않으려면, 스마트 기기와 무심코 나눈 대화 내용이 나도 모르는 새 특정 기업에 유리한 정보로 축적되지 않게 하려면, 재미 삼아 인터넷에 업로드한 이미지가 자동으로 합성되어 내 의도와는 무관하게 약자의 인권을 침해하지 않게 하려면, AI와 동행하는 사회에 대한 더 많은 사람들의 섬세한 관심과 꾸준한 질문이 이어져야 합니다. AI 기술 성장에 뒤얽혀 발생하는 공정, 자유, 신뢰에 관련된 범인류적 문제에 주의를 기울이며, 무엇이 더 옳은 선택인지, 어떤 결정이 더 인간다운 것인지 대화하기를 주저하지 않는 자세가 필요합니다.

이 과제의 중요성을 알리고 동참을 촉구하는 노력의 일환으로 저는 기업 차원에서 AI의 사회적 영향력과 윤리적 사안을 고려하기 위해 애쓰는 한편, 정부 혹은 비정부 차원의 대응을 논의하는 자리를 마련하는 데 적극적으로 힘을 보태왔습니다. 양적 성장 및 단기 성과만 중시하는 시각에서 보다 지속 가능하고 미래 지향적인 방향으로 전환하도록 오늘날의 리더들을 설득하는 것도 필요하지만, 미래의 리더가 될 학생들이 철학적 기반과 윤리적 감각을 지니고 삶을 바라보며, 혹여 자신의 아이디어가 의도치 않게 악습을 재생산하거나 사회적으로 악영향을 미치지는 않을지 진지하게 고민하고 서로의 의견을 충분히 나누는 습관을 들이는 것이 더욱 중요하다는 생각에서 미국 고등 교육기관의 선례인 임베디드 에틱스 Embedded EthiCS 과정과 연계하고 지원하는 일도 하게 되었습니다. 이러한 활동을 이어나가는 과정 중 만난 석학들과 나눈 질문과 대화를 정리해 지난해 온라인상에 배포했고, 올해에는 그 내용을 좀 더 다듬어 이렇게 책으로 엮게 되었습니다.

물론 이 책에 AI 관련 이슈를 완벽히 다루는 비법이 담겨 있는 것은 아닙니다. AI를 둘러싼 철학적, 윤리적 관점을 다루는 과정은 당장 정답을 내놓을 수 없는 수많은 질문의 연속일 뿐이니까요. 복잡하고 어려운 질문과 다각도의 관점이 뒤엉키며, 논의 후 깔끔한 결론이 나오기는커녕 되레 머릿속이 더 혼란스러워지기도 합니다. 그럼에도 이 과정을 널리 알리고 함께하자고 초대하고 싶습니다. 오래도록 이 주제를 곱씹으며 고심하고 함께 의문점을 나누어온 흔적이 보다 많은 이들에게 관심과 질문을 불러일으키기를 바랍니다. AI와 동행하는 이 여정이 인류에게 이로운 방향으로 나아가기를 바라는 우리 모두가, 각자의 시선만큼 가장 인간다운 미래를 건설할 수 있는 해결책을 나누어 쥐고 있음을 믿기 때문입니다.

포스트코로나, 뉴노멀의 시대라고들 합니다. 이제까지 믿어온 틀을 뒤흔드는 팬데믹의 파도가 전 세계를 휩쓸었고, 우리 앞에 닥친 시간은 그 어느 때보다 혼란스럽고 예측하기 어렵습니다. 막막하고 답 없는 미래의 혼돈에 맞서 다시금 인류 사회가 의지할 기준을 잡아나가야 하는 지금이야말로 각자의 시선으로 품고 있는 혜안을 펼쳐 나눠야 하는 시점이라고 생각합니다. 다양한 의견이 드러날 것이고, 처음부터 모두 한 가지 방안에 동의하지는 않을 것입니다. 그럴수록 더욱 이야기를 나누고 논의하기를 게을리하지 말아야 합니다. 아니, 어쩌면 오히려 더 서둘러서 서로의 불신이나 오해, 이견을 꺼내서 밝히고, 인류의 미래에서 떼어놓을 수 없는 동반자인 AI를 어떻게 학습시키고 인간이 지녀온 좋은 가치를 잘 반영할지 더욱더 활발하게 의견을 교류해야 합니다.

이 책의 출간이 우리가 지닌 중요한 가치에 대한 사회적 합의를 이루어가는 데 다양한 의견 개진과 토론을 활성화하는 계기가 되기를 기원하며, 더불어 고민하고 묻고 이야기 나누는 이 여정에 함께하기를 초대합니다. 그리하여 우리 모두의 의견이 지혜로운 지도로 엮여, AI를 비롯한 첨단 과학기술이 야기할 수 있는 리스크를 줄이는 동시에 인류 사회의 유익을 도모하는 최선의 미래를 함께 만들어나가게 되기를 희망합니다.

2022년 11월

윤송이

차례

인간과 인공지능,
어떻게 공존할 것인가

1장

AI [윤리] Framework × 페이페이 리

[인류를 대체하는 것이 아니라
보강하는 기술이 인공지능입니다]

페이페이 리 Dr. Fei-Fei Li

스탠퍼드 대학 컴퓨터 과학과 교수이자 스탠퍼드 인간중심인공지능연구소 공동 소장을 맡고 있다. 2017~2018년 구글 클라우드 서비스의 AI/ML인공지능/머신러닝 담당 수석 과학자로서 구글 부사장을 역임하기도 했으며, 미국 경제 전문지 〈포브스〉의 '2020년 AI업계를 이끌 여성 리더 8인' 중 하나로 선정되는 등 AI 관련 분야에서 전 세계 최고의 석학으로 인정받고 있다. 현재 연구 관심 대상은 컴퓨터 비전이며, 딥러닝이 빠르게 발전할 수 있도록 하는 세계 최대 이미지 데이터베이스 '이미지넷ImageNet'을 고안해 세계적으로 주목받았다. 또 헬스 케어 분야에 AI를 적용하며 다양한 문제를 해결하는 데 선도적인 역할을 하고 있다. AI 분야에서 다양성의 가치를 확장하기 위해 여성과 소외 계층을 대상으로 하는 비영리단체 '모두를 위한 인공지능AI4ALL'을 창립했고, AI 교육의 발전을 위한 융합 인재교육STEM과 조기교육의 중요성을 지속적으로 강조하고 있다.

혼 돈 과 두 려 움 앞 에 서
함 께 시 선 을 모 으 기 를

미래학자들이 예언했던 AI의 특이점, 즉 AI가 인간의 능력을 넘어서는 그 순간이 예상보다 더 빠르게 다가오고 있습니다. 코로나19 팬데믹을 오히려 위기 속의 기회로 삼은 듯, 디지털 뉴딜, 메타버스, 자율 주행차, 블록체인, 가상화폐 등 디지털과 AI 기반의 문명 키워드는 주춤할 새 없이 쏟아져 나오고 있지요. 이토록 급속하게 성장해온 AI 기술이 인간 삶의 편의성 증대와 생산성 향상에 놀라운 기여를 해오고 있음은 분명합니다. 하지만 그 기여도가 높아질수록 AI가 인간을 압도하고 대체할지도 모른다는 불안감 또한 증가하고 있으며, AI를 둘러싼 윤리적 쟁점이 계속해서 수면 위로 떠오르고 있습니다.

과연 AI가 인류에게 유익인지 아닌지, 이대로 AI 발전을 가속화하는 것이 옳은지 그른지, 양자택일로 답할 수 없는 이 질문들 앞에서 AI의 탄생부터 그 진화를 견인해온 컴퓨터 과학 전문가들은 사회 각계각층의 더 많은 사람들이 이 논의에 함께하기를 촉구했습니다. AI는 이제 더 이상 특정 과학 기술 영역이 아니라, 그 기술과 더불어 살아가고 있는 인류 사회 전체에 중요한 영향을 주는 핵심 요소이기 때문이지요.

정답이 없는 혼돈 속에서 서로의 손을 뻗어 대화를 이어나가는 가운데, 조금씩 공통적인 생각이 모이기 시작했습니다. AI 기술 자체는 인류에게 기회일 수도, 위기일 수도 있다는 것, 기술 개발 과정을 잘 다루지 못하면 위협이 되겠지만 '인간에게 도움이 되는 방향'이라는 보편적 가치에 초점을 둔다면 분명 AI는 인류 사회 진보에 이바지하리라는 것입니다. 다만 그 초점을 잃지 않고 올바르게 나아가기 위해서는 AI와 관련된 모든 이들의 지속적 참여와 연대, 협력이 반드시 필요하다는 의견도 합의되었습니다.

컴퓨터 과학 및 AI 기술의 선두 주자로서 주도적 역할을 수행해온 스탠퍼드 대학은 이러한 합의의 중요성을 놓치지 않았습니다. 정답이 없는 가치 토론을 계속 이어가야만 하는 숙명을 지닌 AI 시대, 인간을 위한 기술이라는 초점을 선명히 부각하면서 협력적 논의를 강화할 수 있는 기구를 마련한 것입니다. 그것이 곧 2019년 출범한 스탠퍼드 인간중심인공지능 연구소the Stanford Institute for Human-Centered Artificial Intelligence, 이하 HAI입니다.

이번 대담에서는 바로 이 연구소의 공동 소장을 맡고 있는 페이페이 리 박사님과 함께 AI 시대를 살아나가기 위해 필요한 기초 관점, 기본 틀framework에 대한 개괄적 이야기를 나누고자 합니다. 무섭도록 강력한 힘을 지닌 AI가 '인간 중심'이라는 초점하에 인류 사회 성장이라는 가치를 향해 움직일 수 있도록 다각도의 논의와 연대를 일구어온 HAI의 시선에 눈을 맞추어보기를 권합니다. 그리하여 AI를 둘러싼 수많은 윤리적 논쟁들 속에 상호 엇갈리는 관점들을 어떻게 공통의 시선으로 엮어내는지 그 방법에 대한 통찰을 얻을 수 있기를 바랍니다.

인간 중심의 AI가 필요한 시대

윤송이_ ● 윤　　페이페이 리_ ◆ 리

● 윤　　페이페이 리 박사님, 반갑습니다. 오늘 시간 내 자리해 주셔서 진심으로 감사드립니다. 21세기는 바야흐로 AI의 시대라고 해도 무방할 정도로 AI가 핵심이자 선도 기술로 부각되고 있습니다. AI 기술의 혁신적 발전이 거듭 이어짐에 따라, 그 영향력의 확산 또한 예측했던 것보다 더 빠르게 진행되고 있는 듯한 느낌이에요. 그렇다 보니 상당히 혼란스러운 상태이기도 합니다. AI라는 단어가 인공지능Artificial Intelligence을 의미한다는 것을 이제 막 인지한 사람이 있는가 하면, 바리스타 로봇이 전해주는 커피를 마시며 휴대전화의 AI 비서와 자연스레 대화를 주고받는 사람도 있으니까요. 이처럼

AI 기술에 대한 인식이나 선호가 각자의 관점에 따라 천차만별입니다. AI가 과연 인류에게 도움이 될지 해가 될지 불분명한 상황에서 막연한 낙관적 시선과 모호한 불안감이 뒤엉켜 있는 것이죠. 이러한 시점에서 '인간 중심의 AI'라는 명확한 목표를 내세우며 우리가 AI 기술을 어떻게 대해야 하는지에 관련된 기초적 관점, 프레임워크를 제시하는 스탠퍼드 HAI의 움직임은 매우 인상적입니다. 스탠퍼드야말로 AI의 시작부터 오늘날에 이르기까지 AI 기술의 혁신을 선도해온 대학인 만큼, 지난 몇십 년간 축적해온 경험이 이와 같은 활동의 바탕이 되었으리라 짐작됩니다. 스탠퍼드 컴퓨터 과학과 교수로서, 또 HAI의 시작을 이끈 초대 공동 연구소장으로서 이 모든 과정을 직접 겪으며 일구어온 박사님과의 만남이 더 의미 깊고 기대가 큽니다. AI를 둘러싼 수많은 질문 중에서도 특히 AI 기술이라는 이 낯선 타자他者를 어떤 의미로 이해해야 할지, 어떤 태도로 받아들여야 할지 논의하는 것은 굉장히 중요하고 우선적인 화두라고 생각합니다. 바로 이 주제들에 대해 박사님과 함께 이야기 나눌 수 있어 무척 기쁩니다.

◆ **리** 저도 윤송이 님과 이 주제로 대화를 나눌 수 있어 매우 기쁩니다. 스탠퍼드 HAI는 자문위원으로 참여하고 계신 윤송이 님을 비롯한 여러 동료들의 노력 덕분에 지

금과 같은 모습으로 성장할 수 있었어요. HAI의 발전 과정을 지지하고 함께해주시는 윤송이 님께 감사드립니다.
지금까지 거쳐온 시간을 되돌아보니 문득 제가 처음 일을 시작했을 때가 떠오르네요. 그때 저는 큰 건물의 한쪽 구석에 배치된 컴퓨터 과학 부서에 속해 있었어요. 함께 일하는 사람들은 대부분 컴퓨터 과학을 전공하는 학생이거나 AI 연구실의 동료였지요.
하지만 오늘날에는 AI가 정말 빠르게 성장하고 있고, 이미 사회에서 변혁을 주도하는 역할을 하고 있습니다. 이제 AI란 단순히 과학기술의 일부가 아니라, 다양한 학문이 융합된 '다학제적 분야'가 되었다는 사실을 인정해야 할 때가 된 거죠.

● **윤** 맞아요. 저 또한 AI 전공 자체가 여러 학문을 결합해 연구해야 하는 간학문적interdisciplinary 특성을 지니고 있다 보니 컴퓨터 과학 부서에서도 구석에 앉아 있던 게 생각납니다. 당시 컴퓨터 과학과 소속 엔지니어들은 AI를 전통적인 공학 분야로 여기지 않았으니까요. 그래서 '너는 컴퓨터 과학과가 아니라 심리학과 소속인 것 같은데' 하는 오해도 많이 받았죠.
그때에 비하면 정말 많은 진전이 있었네요. 북미 지역 대학의 경우 AI와 로보틱스, 생물정보학, 빅데이터 분석 등 컴퓨터 과학 전공으로 졸업한 학부생의 수가 지난 10년 동안 세 배가 넘게 늘어났다고 하죠(표 1 참고). 최근 컴퓨터 과학 분야에서 박사 학위를 받은 사람들 중 AI/ML인공지능/머신러닝 전공이 가장 많고요(표 2 참고). 그동안 컴퓨터 과학 및 공학에 관련된 모든 분야가 놀랍도록 성장했지만, 그중에서도 AI는 가히 독보적이라고 할 수 있을 것입니다.

박사님께서는 엄청난 속도로 성장해온 이 과정의 면면을 오롯이 마주하며 이끌어오신 만큼 감회가 남다르시겠죠. 그 모든 체험을 통해 박사님께서 AI 전문가로서 얻게 된 핵심적인 통찰, 그리고 향후 AI가 나아가야 할 방향에 대한 시선이 곧 스탠퍼드 HAI의 비전과 활동에 고스란히 담겨 표현되고 있는 듯합니다. 현재 HAI는 인간 중심의 AI를 위한 다양한 실험과 논의의 장을 적극적으로 구축하며, 학제 간 협업을 통해 혁신적인 AI 기술을 공공 부문에 적용하면서 실제로 현실 세계를 변화시켜나가고 있습니다. 스탠퍼드 대학이 이러한 연구소의 중요성을 깨닫게 된 계기나 본격적인 설립 이유에 대해 질문을 드리고 싶습니다. 그리고 연구소를 연 이후 어떤 과정을 거쳐왔는지, 지금은 어떤 부분에 초점을 두고 운영하고 있는지 등 HAI의 전반적인 움직임과 지향하는 바에 대해서도 좀 더 말씀해주실 수 있을까요.

◆ **리** 저희가 HAI라고 부르는 '스탠퍼드 인간중심인공지능 연구소'에 대한 아이디어는 지금으로부터 3~4년 전에 시작되었습니다. AI 기술이 우리 삶에 스며들어 강력한 변화의 조짐이 수면 위로 드러나기 시작할 때였죠. 당시는 구글의 알파고가 이세돌 9단을 대국에서 이기고, 자율 주행 자동차도 더 이상 SF 소설 속 이야기가 아니라 실제 생산을 목전에 둔 시점이었습니다. 그와 동시에 AI 얼굴 인식 시스템이 편견을 학습한다는 것이 드러나, AI 기술의 정확성과 공정성 결여가 대중 사이에 문제시되던 즈음이기도 했습니다. 특히 프라이버시 침해에 관한 문제가 매우 심각하게 부각한 직후였는데, 기술이 발전하고 영향력이 커짐에 따라 AI를 둘러싼 윤리적 문제의 심각성이 두드러진 것이지요. 그

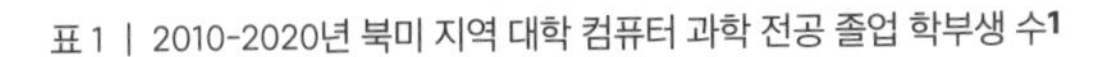
표 1 | 2010-2020년 북미 지역 대학 컴퓨터 과학 전공 졸업 학부생 수[1]

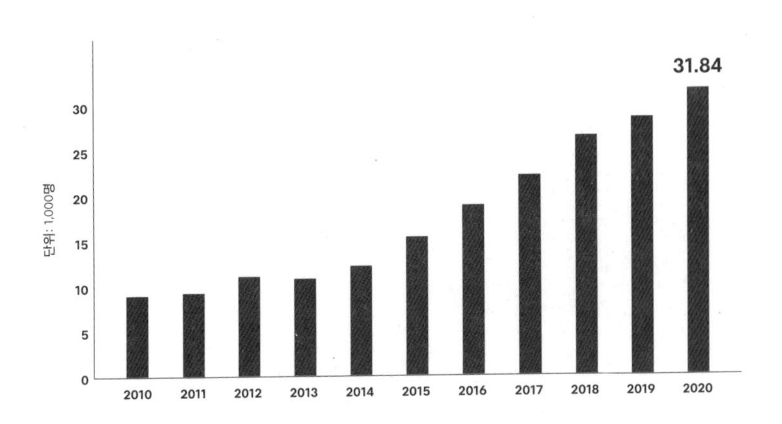

시점에 우리는 스탠퍼드 대학의 구성원으로서, AI 기술을 둘러싼 인류 사회 변화의 과정에서 스탠퍼드가 수행해야 할 시대적 역할과 기회, 책임이 무엇인지 함께 고민해야 하는 중요하고도 새로운 시점에 도달했음을 절감했습니다.

사실 미국에서 가장 오래된 두 곳의 AI 연구실 중 하나가 스탠퍼드 대학에 있습니다. 1962년 설립된 스탠퍼드 AI 실험실SAIL이죠. 이 실험실의 창립자 중 한 분이자 '인공지능'이라는 용어를 세상에 처음 제시한 존 매카시 교수◇부터 시작해 역대 튜링상◇◇ 수상자, 자율주행 자동차를 개발해온 연구자들, 그리고 딥러닝 선구자에 이르기까지, AI 기술 혁신 과정에서 스탠퍼드는 역사적으로 가장 중요한 중심 역할을 수행해왔습니다.

표 2 | 2020년 미국 내 컴퓨터 과학 분야 박사 학위자 세부 전공 분포[2]

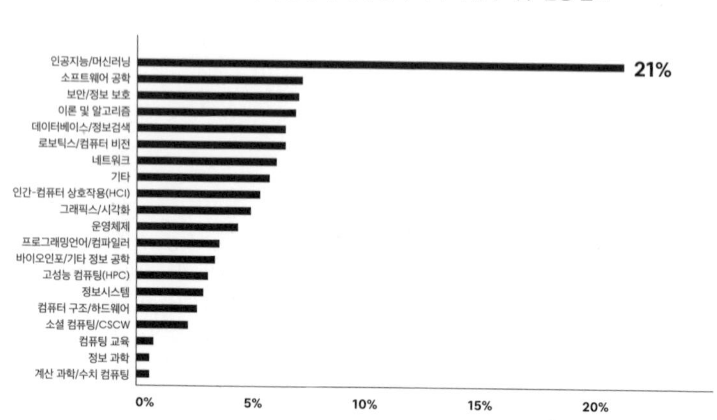

저를 비롯한 스탠퍼드 구성원들은 바로 그 역할의 연장선상에서 AI 기술이 인류의 삶에 긍정적 영향을 미치는 새로운 시대를 구상했습니다. 첨단 기술이 발전을 지속하면서도 인류와 인간에 대한 책임을 다해야 한다는 사실을 되새겼지요. 그래서 '모두의 삶을 더 나은 방향으로 인도하는 기술을 개발하고 활용해야 한다'는 신념을 갖게 된 것이고요. 이렇게 스탠퍼드 학자들의 집단적 참여와 논의를 거쳐, 인류가 더 나은 삶을 살도록 하는 방향으로 AI를 둘러싼 연구와 교육, 정책 등을 발전시키겠다는 사명을 갖고 HAI가 출범하게 되었습니다.

◇ 'AI의 아버지'라 불리는 존 매카시 교수는 1956년 다트머스 대학에서 개최된 학술회의를 통해 AI라는 분야를 확립한 사람으로, 해당 회의 제안서에서 '인공지능(Artificial Intelligence)'이라는 단어를 처음 사용했다.

◇◇ '컴퓨팅 분야의 노벨상'이라 불리는 튜링상은 미국컴퓨터기기협회(ACM)에서 컴퓨터 과학 분야에 뛰어난 업적을 남긴 사람에게 매년 시상하는 상이다.

AI를 바라보는 새로운 눈

윤송이_ ● 윤　　페이페이 리_ ◆ 리

● 윤　한마디로 HAI는 AI 기술 혁신의 사회적 영향력에 대해 충분히 숙고하면서 인류 진보를 위한 책임 있는 행보를 이어가고 있는 거군요. 저 또한 그 취지와 방향성에 전적으로 동감합니다. AI에 관련한 기술의 발전은 일반적인 예측을 뛰어넘을 만큼 끊임없이 가속화될 뿐 아니라 다양한 분야와 광범위하게 융합되어 확산되고 있기에, 어쩌면 지금 시대는 매 순간이 과도기라고 해도 과언이 아닐 것입니다. 박사님께서는 바로 이와 같은 과도기에 장기적이고 긍정적인 변화를 견인하기 위해서는 인간 중심의 시선, 인류의 더 나은 삶을 향한 AI 기술 개발이라는 뚜렷한 프레임워크를 공유하는 것이

중요하다는 사실을 HAI를 통해 말씀하고 계시군요. HAI를 설립하게 된 계기부터 현재 활동에 이르기까지 전 과정에서 컴퓨터 과학 전공자만 움직인 것이 아니라는 사실 또한 저에게 매우 중요하게 다가왔습니다. 스탠퍼드라는 학문적 집단 전체가 HAI의 발족에 기여했을 뿐만 아니라, 이제는 HAI라는 플랫폼을 통해 학계와 기업, 정부가 각자 자신의 역할의 중요성을 되새기면서 원활하게 교류하고 대화할 수 있게 되었지요. 이것이 곧 HAI가 '인류의 더 나은 삶을 위한 AI 기술 혁신'이라는 사명과 더불어 강조해온 모두의 참여 및 연대 정신이라고 봅니다. 이처럼 학계, 기업, 정부가 각자의 책임을 다하면서 시너지를 낼 수 있는 협력 시스템을 탄탄하게 구축해나가려면 어떤 것들이 필요하다고 생각하시나요? 예를 들어 ACM FAccT◇ 처럼 더 많은 사람들이 참여해 다양한 의견을 나눌 수 있는 논의의 장을 자주 마련하는 것도 중요하다는 생각이 드는데요.

◇ 미국컴퓨터기기협회가 주최하는 콘퍼런스로, 컴퓨터 과학·공학 분야의 공정성, 책임, 투명성에 관한 다학제적 연구를 다루는 자리다. 북미, 유럽을 제외하고 최초로 한국에서 ACM FAccT 2022가 개최되었다.

◆ **리** 네, 정말 중요하고 좋은 질문이네요. 우선 제가 앞서 말씀드린 HAI의 프레임워크는 다중 이해관계자의 관점으로 접근해야 한다는 믿음을 바탕으로 마련되었다는 점을 다시금 강조하고 싶습니다. 한마디로 '혼자'서는 할 수 없다는 말이죠. 제가 말하는 '혼자'란 컴퓨터 과학자 또는 학계를 의미합니다. 저희는 AI 기술에 관련된 연구, 교육, 정책, 사회 공헌 등 모든 일을 진행할 때 반드시 다음 세 가지 핵심 관점을 염두에 두고 시작합니다.

공학을 넘어 사회학과 철학에 이르기까지

◆ **리** 먼저 첫 번째 핵심은, 서로 다른 학문 간의 더 깊이 있는 융합을 통해 인간과 사회에 미치는 AI의 영향력을 연구해야 한다는 것입니다. AI가 이제 더 이상 컴퓨터 과학 분야 틈새에 있는 고립된 하위 영역이 아니라는 것을 깨닫는, 아주 근본적인 전환이 필요합니다.
우리는 여러 대학과 전 세계의 사회과학자, 인문학자와 상호 협력해야 합니다. AI가 불러올 다양한 파급효과를 예측하기 위해서는 AI가 인간과 사회 전체에 어떤 영향을 줄지 깊이 이해하는 것이 중요하니까요. AI가 인간과 사회에 미치는 영향을 이해하는 것은 궁극적으

AI가 이제 더 이상

컴퓨터 과학 분야 틈새에 있는

고립된 하위 영역이 아니라는 것을 깨닫는,

아주 근본적인 전환이 필요합니다.

로 AI와 연관된 정책을 제안하거나 교육 및 연구의 방향을 결정하는 데도 도움을 줄 수 있습니다.

AI는 인류의 대체재가 아니다

◆ **리** 두 번째는 오늘날 사람들이 AI를 떠올릴 때 연상하는 단어에 관한 것입니다. AI와 관련해 가장 많이 언급되는 단어는 '대체하다'입니다. 하지만 AI는 인류를 대체하는 것이 아니라 인류를 보강하는 기술이며, 인류 발전을 위한 큰 기회가 될 수 있습니다. 경제학자나 정책 입안자와 함께 고심해야 하는 굉장히 중요한 문제죠.

저의 경우에는 10년째 보건 의료계에서 일하다 보니 이 내용이 아주 의미 깊게 다가옵니다. 보건 의료 분야에서 AI는 다른 기술들과 함께 활용되어 의사의 진료 생산성을 증가시킬 수 있고, 환자들을 더 안전하게 보호할 수 있으며, 간호사와 의사의 피로 및 스트레스를 감소시킬 수 있습니다. 또 노인을 보다 안전하게 보호할 수 있고, 이를 통해 그들을 돌보는 가족도 좀 더 여유를 찾을 수 있게 됩니다. 그 외에도 AI는 신약이나 백신을 개발하고 희귀 질환 치료법을 찾는 데 도움을 주기도 합니다. 인류를 도울 무수히 많은 기회가 열려 있는 셈이죠. AI와 머신러닝이 인류의 더 나은 삶, 그리고 노동생산성을 높이는 데 도움을 줄 수 있다는 사실을 기억해야 합니다. 정리하자면, HAI가 강조하는 AI 프레임워크의 두 번째 핵심은 인류의 삶을 향상시키고 보강하기 위한 AI 기술을 지속적으로 연구하고 교육하는 데 힘써야 한다는 것입니다.

학문의 경계가 무너질 때, AI 기술은 발전한다

◆ 리 세 번째 핵심은 현재의 AI 기술 수준으로는 아직 'AI가 사람을 돕는다'는 원대한 목표에 도달할 수 없다는 데서 출발합니다. AI 기술은 여전히 매우 불안정하고 제한적이며, 좀처럼 설명하기 어려운 상태예요. AI를 구성하는 기초과학이 아무리 발전한다 해도 인간적 특성을 반영해야 하는 부분이 늘 남아 있다는 사실은 놓치지 말아야 합니다. AI 기술 혁신 과정에서 뇌 과학, 인지 과학, 심리학 등과 같이 인간 고유의 특성을 반영하는 분야를 통합해나가야 하는 이유이기도 하지요. 즉 HAI의 프레임워크가 중점을 두고 있는 세 번째 핵심 관점은, 인간의 신경 과학과 인지 과학에서 영감을 받아 미래를 위한 새로운 AI 기술을 창조해나가야 한다는 것입니다.

● 윤

다양한 학문 분야를 넘나드는 융합적 시각, 인간 중심적 AI에 대한 신뢰와 그렇게 나아가기 위한 노력, 그리고 인간의 특성이 더욱 강하게 반영될 미래 AI 기술의 방향까지, 세 가지 모두 AI를 대하는 데 결코 간과해서는 안 될 아주 중요한 관점이네요. 이 핵심 관점은 그저 어느 날 툭 던져진 문자화된 명제가 아니라, HAI의 가치 아래 펼쳐진 실제 논의와 활동을 통해 다중 이해관계자들이 직접 갈등과 의견 차를 겪으면서 도출해낸 것이기에 더욱 와닿는 것 같습니다.

AI에 관련된 질문은 정답이 없기에, 이를 둘러싸고 수많은 의견이 쏟아지면서 불편과 혼란을 야기하곤 합니다. 양극단의 주장이 지나치게 대립해 분열을 불러올 수도 있고요. 그래서 상당수의 사람들이 AI에 대한 논의 자체를 불편해하거나 회피하는 것인지도 모릅니다. 하지만 박사님께서 강조하신 것처럼 '인류의 삶을 더 나은 방향으로 이끄는 AI'라는 보편 가치적 지향이 분명하고, 그 방향으로 움직이기 위한 핵심 관점을 대화의 기저에 공유한다면 좀 더 자유롭게 의견을 교류할 수 있으리라는 기대를 하게 되네요. 대화와 교류를 통해 나아가야 할 바가 명확하다면, 다른 의견을 반박하는 데 에너지를 쓰기보다는 서로의 이야기를 좀 더 경청하고 다양한 시선을 종합함으로써 긍정적인 결과를 이끌어낼 가능성도 더 커질 테니까요.

학문의 경계가 무너질 때,

'AI가 인간을 돕는다'는

원대한 목표를 이룰 수 있습니다.

스탠퍼드 인간중심인공지능연구소

HAI: Stanford's Human-Centered AI Institute

AI 기술은 인간관계와 윤리적 측면에서 경제, 보건, 교육, 정치에 이르기까지 우리 삶의 모든 부분에 촘촘하게 스며들어 있다. 스탠퍼드 인간중심인공지능연구소이하 HAI는 이러한 AI의 잠재력에 주목하면서 '인간 중심의 AI: 인류를 돕는 방향으로 개발되는 기술'을 지향점으로 삼아 2019년 3월 출범한 스탠퍼드 대학 내 다학제 연구소다. AI에 관련된 연구 개발, 교육, 정책, 실무 적용 등 다각도의 발전을 통해 인류 사회의 진보에 이바지한다는 사명을 갖고 있다.

2022년 기준 스탠퍼드 내 다양한 전공 소속 교수 10명이 리더십을 발휘하고 있으며, 컴퓨터 과학과 교수 페이페이 리와 인문과학과 교수 존 에처멘디가 공동 소장을 맡고 있다. 자문위원단에는 전前 미국 국무 장관 콘돌리자 라이스, 전 구글 CEO 에릭 슈미트, 야후 공동 창업자 제리 양 등 유명 기업가와 정치인을 비롯해 학계 및 공익 활동 부문의 저명인사도 포진해 있다. 그러나 HAI는 특정 정당이나 분파의 가치를 따르지 않으며, 오직 AI 기술 혁신을 통해 인류의 행복한 삶을 지원하고 강화하는 데 목적을 둔다.

수십 명에 달하는 HAI의 교수진 및 직원은 해당 분야를 이끄는 최고 권위의 과학자, 페다고지pedagogy를 강화하는 교육자, 정의로운 사회운동 확산을 위해 노력하는 학자들, 권익 수호와 제도 개선에 앞장서는 법조인과 국회의원, 인본주의적 감성을 불러일으키려 애쓰는 예술가 등 학계, 공공 부문, 민간 기업, 비영리단체를 아우르는 각계각층의 다양한 전문가가 HAI 활동에 연대하고 협력하도록 초대하고 있다. 이를 통해 모두가 함께, 지금 여기에서 더 나은 AI의 미래를 일구어나가고자 한다.

주요 활동은 크게 세 갈래로, 먼저 '연구 개발' 관점에서는 전공이 다양한 스탠퍼드 교수진의 협동 지도하에 ① 인간의 지성에 영감을 둔 AI 기술 개발 ② AI 기술이 인간과 사회에 미치는 영향에 대한 연구, 예측 및 지도 ③ 인간의 역량을 보강하는 AI 활용 프로그램 디자인 및 제작 등에 중점을 둔다. '교육' 관점의 활동으로는 스탠퍼드 학생들과 학내 여러 그룹의 단계별 리더들이 AI의 핵심 기초 내용 및 AI를 대하는 다양한 관점을 접할 수 있도록 돕는다. 마지막으로 '정책' 관점에서 입법 과정에 실질적 영향을 줄 수 있도록 지역 및 전국 단위 논의의 장을 마련하고 있다.

AI 시대 정부의 역할:
규제와 혁신 사이에서

윤송이_● 윤 페이페이 리_◆ 리

● 윤 지금까지 현시대에 AI를 대하는 데 가장 기초가 되는 프레임워크, 즉 인류의 보편 가치에 입각한 '인간 중심 AI'라는 초점과 그에 대한 대화를 활성화하기 위해 공유해야 할 기반이 되는 세 가지 핵심 관점을 함께 살펴보았습니다. 이제 두 번째 주제로 넘어가보겠습니다. 바로 AI 시대 정부의 역할에 대한 이야기입니다. 첫 번째 주제와 마찬가지로 무척 중요하고 필수적인 논의입니다.

AI가 발전하는 속도가 워낙 빠르다 보니, 원활한 기술 발전을 촉진하고 잠재적 위험을 완화하는 주체인 정부가 관련 정책을 수립하고 제도를 마련하는 속도를 앞지르며 빠르게 달려나가는 추세입니다. 그러나 AI 기술이 '인간 중심'이라는 초점을 잃지 않고 지속 가능하게 성장하기 위해서는 기술 혁신과 인재 양성, 공정한 경쟁, 기술 개발 및 활용에 관한 가이드라인 등이 반드시 필요합니다. 정부가 핵심 주체로서 '인간 중심의 AI'를 위해 더욱 활발한 논의를 진행해야 할 시점이라는 생각이 듭니다.

미국의 경우를 살펴보면, 2021년 미 연방의회에서 '2021 회계연도 국방수권법[3]'을 재의결할 때 백악관 과학기술정책실 산하에 '국가 인공지능 이니셔티브실 NAIIO[4]'을 두기로 결정한 것, AI 기술 개발이 보다 윤리적이고 사회적으로 책임 있는 방향으로 이뤄지도록 보장하는 데 미 국방부의 개입과 조치를 강조한 것, AI에 관련된 각종 제품, 서비스, 시스템을 개발하고 활용할 때 발생할 수 있는 위험 요인을 관리하기 위해 미국 국립표준기술연구소에 'AI 리스크 관리 프레임워크[5]'를 개발하도록 지시한 것 등이 눈에 띕니다.

이렇게 AI 기술이 사회적 책임 의식과 윤리적 관점을 갖추고 지속 가능한 발전을 도모할 수 있도록 정부가 나서서 필요한 제도와 정책을 마련하는 흐름이 확대되는 것은 예전의 AI 관련 대응과 비교했을 때 매우 고무적이고 놀랄 만한 성과라고 할 수 있습니다. 하지만 몇몇 국가에서는 다중 이해관계자 간의 논의와 협력

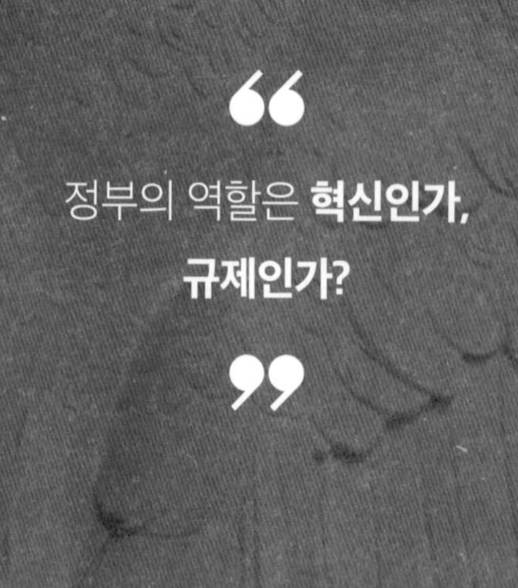

정부의 역할은 **혁신인가,**

규제인가?

을 충분히 고려하지 않은 채 성급하게 AI 기술 지원을 위한 정책이나 가이드라인을 준비하는 경향도 나타나고 있지요.

박사님께서는 지난해 미국 정부에 적극 협조해 AI 관련 법안이 통과되도록 하는 데 많은 노력을 기울이셨습니다. 이와 같은 정책을 통해 미 정부가 AI 연구 개발 전략을 수립할 수 있도록 리더십을 발휘하셨죠.[6] 이처럼 박사님께서는 예전부터 AI 분야에 대한 정부의 개입과 지원의 중요성을 강조하며 지지해오신 것으로 기억합니다. 그렇다면 AI 기술 개발에서 정부의 참여와 지원이 왜 중요한지, 지속적인 AI 발전을 위한 정부의 역할은 무엇이라고 생각하시는지 궁금합니다. 또 AI 관련 정책에서 어떤 것을 핵심 내용으로 삼아야 할지 함께 말씀해주실 수 있을까요?

혁신을 저해하지 않는 정부의 역할이란

◆ **리** 네, 정말 좋은 질문이에요. 그런데 질문에 제대로 답하기 위해 제가 먼저 응답해야 할 두 가지 질문이 있습니다. 하나는 '스탠퍼드 HAI가 정부의 참여를 위해 무엇을 했는가'에 대한 것이고, 또 하나는 '정부의 역할은 혁신인가, 아니면 규제인가'라는 좀 더 포괄적인 질문

이에요. 사실 이 두 가지 질문은 밀접하게 연결되어 있기도 합니다.

먼저 지난 2020년에 HAI가 정부와 무엇을 함께 진행했는지 요약해서 소개해드리겠습니다. HAI는 '국가 인공지능 연구 클라우드NRC[7]'를 구축하는 데 법적 근거가 될 '국가 인공지능 연구 자원 태스크포스법[8]'을 제정하는 데 협력했습니다. 저희뿐 아니라 미국 전역의 대학과 기업이 다 함께 힘을 모았죠. 이 '국가 인공지능 연구 클라우드'가 잘 구축된다면 학계와 공공 분야의 AI 관련 연구자들이 필요한 데이터를 자유롭게 사용할 수 있게 될 것이고, 나아가 학계 및 공공 분야의 AI 관련 연구에 대한 투자와 지원을 늘리는 데도 도움이 될 것으로 기대하고 있습니다. 이러한 과정은 정부가 AI 기술 발전에서 충분한 양의 데이터와 컴퓨팅 인프라가 중요하다는 사실을 인식했음을 보여주는 것이기도 합니다. 실제로 진정한 AI 기술 혁신의 돌파구를 찾기 위해서는 뛰어난 알고리즘뿐 아니라 충분한 데이터와 컴퓨팅 인프라도 필요하니까요.

미국은 컴퓨터 혁명을 주도하고, 생명공학의 발전을 이끌어왔습니다. 그 외에도 많은 부분을 선도해왔죠. 이는 건강한 생태계를 추구한 성과라고 봅니다. 지금까지 미국은 늘 건강한 생태계를 기반으로 발전해왔어요. 공공 부문에서의 기초과학 혁신, 그리고 민간 기업,

특히 IT 산업 같은 고효율 산업 분야에서 발휘되어온 기업가 정신이 어우러졌고, 여기에 적절한 수준의 정부 보조금과 지원이 효율성을 더해주었습니다.

하지만 AI 시대로 진입함에 따라 기술 트렌드는 빠른 속도로 변화하고 있고, 특정 민간 기업이 전용 데이터 리소스와 컴퓨팅 인프라를 갖추었다면 순식간에 해당 기술의 선두를 차지할 수 있습니다. 그렇기 때문에 지금이 정부가 나서서 공공 부문의 기초과학 연구를 장려하고 지원해야 하는, 아주 중대하고 결정적인 시기라고 봅니다.

또 정부의 지원은 기술 혁신뿐 아니라, 인재 교육이라는 측면에서 더욱 중요합니다. 결국 세대를 이어 성공을 이루려면 인재를 길러내야 하기 때문이죠. 그 인재들은 어디에서 교육받나요? 바로 스탠퍼드 같은 종합대학이나 주립대학에서 교육을 받습니다. 제반 교육 시스템을 지원하고 활성화하는 정부의 역할이 중요한 부분이죠. 지속적으로 성장하기 위해서는 이처럼 모두가 유기적으로 얽힌 생태계 전체를 건강하게 유지해나가야 합니다.

정부는 새로운 기술이 출현할 때마다 혁신의 기폭제 역할을 해왔다

◆ **리** 자연스럽게 두 번째 질문인 '정부의 역할은 혁신이냐 규제냐'에 대한 응답으로 연결되는군요. 과연 정말로 기술 발전 과정에 정부가 관여하지 말아야 혁신이 지속될까요? 저는 미국이 아주 건강한 혁신 생태계를 갖추었다는 의견에 동의합니다. 자유 시장이 잘 형성되어 있고 기업가 정신이 탄탄히 확립되어 있기 때문이죠. 여기에 더해 정부 또한 생태계에서 아주 중요한 역할을 하고 있다고 봅니다. 이러한 체계는 AI 분야에서도 크게 다르지 않을 거예요.

대표적인 예로, 인터넷이 처음 탄생한 시점을 떠올려 보세요. 미국 연방 정부의 자금 지원이 최초의 인터넷 출범에 핵심적인 역할을 했다는 것을 확인할 수 있습니다. 이처럼 미 연방 정부의 각종 우대 정책과 보조금 지원은 제2차 세계대전 이후 반세기가 넘는 기간에 미국의 디지털 혁신을 이끈 엄청난 기폭제가 되었어요. 이런 사실은 실리콘밸리 기업가들도 잘 모를 거예요. 우리가 이룬 혁신은 연방 정부의 적극적인 지원이 없었다면 이 정도로 진행되지 못했을 수도 있는 거죠. 그런 점에서 저는 정부가 지금까지 아주 긍정적인 역할을 해왔다고 생각합니다.

● **윤** 정말 그렇네요. 오늘날 AI가 성장 과정 중 어디쯤 와 있는지 가늠해볼 때 인터넷의 발전 과정과 비교해보는 것이 큰 도움이 될 듯합니다. 30여 년 전 대대적인 국제 투자와 정부의 지원을 통해 인터넷이 혁신을 이룬 것은 기술 발전 과정의 모범 사례라고 할 수 있어요. 미국 정부의 경우 2010년대 후반부터 AI 기술에 대한 공공 투자를 공격적으로 확대해왔습니다(표 3 참고). 인터넷의 발전 과정에서와 마찬가지로, AI 기술 발전에서도 이와 같이 정부의 지지를 통한 긍정적 효과를 기대해볼 수 있을 것 같습니다.

지금까지 말씀해주신 정부의 역할은 기술 혁신을 지속해나갈 수 있도록 제반 환경을 마련하고 필요한 리소스나 자금을 적극적으로 지원하는 것이었습니다. 하지만 이외에도 정부가 수행해야 할 중요한 역할이 있죠. 그에 대해 좀 더 이야기해주실 차례예요.

기술의 탈선을 막는 가드레일

◆ **리** 맞아요. 정부의 또 다른 중요한 역할이 있습니다. 바로 규제 기관의 역할이죠. 오늘날 AI 기술은 빠르게 발전하고 있고 영향력도 더욱더 강력해지고 있습니다. 우리는 앞서 알고리즘의 편향성이나 AI 기술이 인류에게

미칠 잠재적 피해, 사생활 침해 문제, 국제 질서에 미치는 영향 등에 대해 이야기를 나눴습니다. 정부는 바로 이런 문제에서 사람들에게 피해를 줄 수 있는 기술을 규제함으로써 안전망을 마련해야 합니다. 또 어떤 기술이 상용화될 때 시장에서 공정한 경쟁이 이루어지도록 조정할 책임도 있습니다. 정부는 기술이 올바른 방향으로 발전할 수 있도록 기준이 되는 주춧돌을 놓아야 해요.

● **윤** 동의합니다. AI와 같은 첨단 기술은 발전하면 할수록 가속도가 붙어서 좀처럼 멈춰 서기 힘든 것 같아요. 하지만 그럴수록 빠른 속도에 휩쓸려 중요한 사항을 간

표 3 | 미국 연방 정부 AI 관련 계약 지출 총액[9]

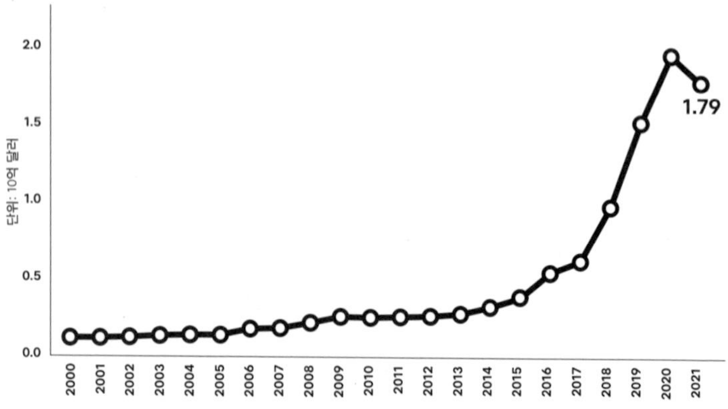

단위: 10억 달러

1.79

* 2000~2021년 회계연도

과한 것은 아닌지, 인간에게 도움이 되는 방향으로 제대로 나아가고 있는지 검토하고 조정하는 작업이 더욱 중요해지는 법이죠. 박사님께서 말씀하신 대로 정부의 규제가 발전 속도를 늦추거나 혁신을 저해하기 위한 것이 아니라, AI의 발전이 지향하는 바에 걸맞게 더욱 효과적으로 이루어질 수 있도록 돕는 중요한 장치라는 사실을 거듭 되새겨야 한다고 봅니다.

일부 컴퓨터 과학자나 공학자 중에는 이와 같은 정부의 개입과 규제가 기술 혁신에 걸림돌이 된다고 여기며 탐탁지 않은 시선을 보내는 사람들도 있습니다. 법적 제한이 필요한 맥락을 충분히 고려하지 않은 채, 정부 규제에 무조건 반대하는 주장만 내세우는 경우도 있고요. 어떤 사안이든 동의 혹은 반대 입장의 다양한 의견이 제시되는 것은 생산적인 토론을 위해 바람직하지만, 정부의 역할에 대한 정확한 인식 부족으로 대화가 단절된다면 안타까운 일이겠죠. AI 기술 혁신이 올바르게 이뤄지기 위해서는 정부의 규제가 중요한 역할을 한다는 사실을 기술 개발자와 연구자를 포함해 더 많은 사람들이 인식할 수 있도록 널리 알리는 것도 필요하다는 생각이 드네요.

인류 전체를 위한 글로벌 협력 참여

◆ **리** 네, 그런 관점에서 저희가 나누는 대화 역시 AI 혁신과 정부의 역할에 관련된 인식을 확대하는 데 보탬이 되길 기대합니다. 마지막으로 또 한 가지 정부가 나서야 할 역할로 뜻을 함께하는 여러 국가 및 다양한 기관, 단체와의 협력을 강조하고 싶습니다. 인류 사회 여러 분야에서 다각도로 활용할 수 있는 수평적이고도 강력한 AI 기술을 문화적, 종교적, 정치적 차이에 차별을 두지 않고, 보편적인 인권을 존중하면서 보다 선량하고 관대하며 인간적인 방향으로 사용할 수 있도록 국경을 넘어 연대하는 것이죠. 이와 같은 모든 일이 AI가 혁신으로 나아가는 데 걸림돌이 되지 않으면서도 정부가 할 수 있는 중요한 역할입니다.

● **윤** AI를 비롯한 현대의 기술이야말로 국경을 넘나들며 전 지구적 영향을 미치는 만큼, 말씀하신 국가 간 연대와 공조는 빼놓을 수 없는 요소라는 생각이 듭니다. HAI의 AI Index 2022◇에 따르면 2016년에는 AI 관련 법으로 통과된 법안이 25개국 중 하나뿐이었는데, 단 5년 만에 18건으로 늘어났어요. 각국 정부의 관심과 노력, 그리고 상호 간의 소통과 범국가적 협력이 영향을 준 결과겠지요. 이와 같은 글로벌 연대가 박사님께서

강조하신 대로 AI 기술의 선한 활용과 인간 중심의 AI 개발을 위해 나아가려면 국가 간의 지속적 교류, 논의와 더불어 인류 보편 가치에 입각한 프레임워크를 공유하고 확산하는 자리 또한 꾸준히 마련되어야 한다고 생각합니다.

◇ HAI AI Index는 HAI가 연대하는 단체들과의 협력을 통해 AI 관련 연구 개발, 기술 현황, 경제 효과, 교육, 정책 및 윤리적 사안 등에 대한 데이터를 수합해 발표하는 연례 보고서다.

AI 시대와 인류의 진화

윤송이_● 윤　　페이페이 리_◆ 리

● 윤 도입부에서 교수님과 함께 회상한 것처럼, AI 관련 기술이 첫발을 떼던 시점과 현재를 비교해보면 눈부시게 성장해왔다는 사실을 새삼 깨닫게 됩니다. 일례로 얼굴 인식 기술만 살펴봐도 순식간에 우리 일상 곳곳에서 흔히 쓰이는 기술이 되었어요. '인간의 얼굴 형태를 인식하는 것'이라는 단순한 기술 개념에서 출발해 기능이 점점 고도화되고, 아주 정밀하게 신원을 확인할 수 있도록 최적화되면서 다양한 후속 애플리케이션이 등장했습니다. 카메라를 바라보는 것만으로 휴대전화 잠금을 해제할 수 있게 되었고, 디지털 기기로 촬영하거나 네트워크상에 업로드한 인물 사진을 자동으로 태

깅tagging하고 분류하는 것도 사람들이 손쉽게 활용할 수 있는 기능이 되었습니다.

이처럼 고도화된 기술이 우리 삶의 편의를 위해서만 쓰인다면 다행이겠지만, 놀랍도록 발전한 기술을 활용하는 것은 단지 그 정도 수준에 머무르지 않을 수도 있습니다. 일반 소비자용 드론에 얼굴 인식 기술을 접목해 몰래 이웃을 감시하는 것도 기술적으로는 얼마든지 가능해졌고, 독재 정부가 평화 시위 중인 사람들을 인공위성으로 추적해 부당하게 진압하는 데 사용할 수도 있는 것이지요.

무한한 잠재력을 지닌 첨단 기술은 인류에게 유익을 가져다주는 것이 확실한데도 공포와 우려의 대상이 되곤 합니다. 어디에 어떻게 사용될지 확신할 수 없기 때문이죠. AI 기술이 등장할 때부터 제기된 바 있는 '현재 사람들이 수행하고 있는 대다수의 일과 직업이 모두 AI 로봇의 차지가 될 것이다. AI가 인간을 대체하게 될 것이다'와 같은 불안도 같은 맥락일 것입니다. 최근 들어 발생하고 있는 얼굴 인식 기술의 편향성이나 개인정보 침해 문제, 공정성 논란 등 날이 갈수록 AI를 둘러싼 윤리 문제는 거듭 중요한 이슈로 부각되고 있습니다. 끊임없이 빠른 속도로 변화해나갈 AI 시대를 살아가기 위해 우리는 어떤 역량을 키워나가야 할지, 또 미래 세대를 위해 무엇을 준비해야 할지 본격적으로 고민하고 행동해야 할 시점이라고 생각합니다.

그래서 페이페이 리 박사님과 이야기 나눌 세 번째 주제로 바로 이 부분에 대해 짚어보고 싶습니다. AI에 대해 교체, 대체, 편향 등의 단어를 떠올리며 염려하는 경향에 대해 AI 전문가로서 어떻게 생각하시는지요? 이미 시작된 AI 시대, 모든 것이 급변하는 혼돈 속에서 인류는 무엇에 주목해야 할까요?

AI 시대를 맞이하는 새로운 세대들

◆ **리** 윤송이 님이 말씀하신 단어는 모두 기억해야 할 것들이라고 생각해요. 하지만 결국 이 문제를 풀 수 있는 가장 핵심적인 열쇠는 '사람'일 것입니다. 그 모든 요소 중 가장 중요한 것 한 가지만 선택해야 한다면 저는 'AI 시대를 살아나갈 새로운 세대들'이라고 답하고 싶어요. 복수형으로요. 지금 발생하고 있는 여러 문제를 해결해나가는 데는 한 세대의 시간 이상이 소요될 것이기 때문입니다.

제가 말씀드리는 이 '새로운 세대들'은 컴퓨터 공학과 인문학을 모두 깊이 이해하는 정치가, 엔지니어 등의 실무자를 의미합니다. 하지만 이 말은 소프트웨어 개발자가 윤리학 박사 학위까지 취득해야 한다는 뜻은 아니에요.

미국의 청소년들은 16세 무렵에 운전하는 법을 배우면서 자동차 엔진에 대해서도 조금이나마 알게 됩니다. 또 자동차 운행 원리와 함께 도로교통법 같은 규칙, 그리고 운전자로서 개인의 책임 또한 배우게 되죠. 이 비유를 통해 제가 말씀드리고 싶은 바는 '새로운 세대들', 즉 우리 다음 세대들이 사업가든, 정치가든, 엔지니어든, 교사든, 그 무엇이 되더라도 우리가 그들을 위해 지금 개발해내는 교육 수준과 체계는 예전보다 더 나은 것이어야 한다는 점입니다. 기술과 함께 인간을 중심으로 더 균형을 맞춰야 해요.

정치가가 인터넷 산업이 어떻게 운영되는지 이해하지 못하면 안 됩니다. 기계 때문에 위험한 상황이 발생했는데 기술자가 자신의 책임이 아니라고 해서는 안 됩니다. 실제로 제가 만난 실리콘밸리의 소프트웨어 개발자 한 분은 눈물을 흘리며 이렇게 말했어요. "저는 기술로 '좋은 일'을 하고 싶어요. 그런데 유치원에서 대학에 이르기까지 전 교육과정에 걸쳐 AI 윤리에 대해서는 단 한 번의 수업도 받지 못했고, 책 한 권도 읽어본 적이 없어요. 실리콘밸리 소프트웨어 개발자가 되기 전까지 단 한 번도요." 이것이 컴퓨터 공학이라는 분야의 현실이에요. 정말 눈앞이 깜깜해지는 일이죠.

다음 세대도, 그다음 세대도 결코 이런 상황에 처해서

는 안 된다고 생각합니다. 이것이 바로 제가 매일 아침 눈을 뜰 때마다 HAI의 사명과 저희가 하는 일의 중요성을 거듭 되새기는 이유이기도 해요. 저는 이 '새로운 세대들'을 매일 생각합니다.

● **윤** 정말 제 마음에도 절절하게 와닿는 말씀이에요. 다음 세대가 기술 발전과 뒤엉켜 끊임없이 제기될 수많은 문제를 현명하게 헤쳐나갈 수 있는 힘을 키우도록 하는 것이야말로 오늘날 우리 세대의 몫이고 책임이라는 생각이 듭니다. 세대를 거듭하며 이어지는 성공은 단기적인 기술 개발이 아니라 올바른 교육 체계를 거쳐 지속적으로 양성되는 미래 인재를 통해서만 가능한 일일 테니까요.

건강하고 안정적인 기술 생태계를 유지해나가는 과정에서 정부는 공공 교육 역량을 강화하고 기초과학 연구에 대한 투자를 아끼지 않아야 하며, 인재들이 기업과 사회에 적극 진출해 새로운 비전을 만들어낼 수 있도록 뒷받침하는 노력을 이어가야 한다고 봅니다. 이를 바탕으로 정부뿐 아니라 학계, 민간 기업, 비영리단체 등 AI 시대를 움직이는 모든 주체가 다음 세대의 올바른 성장을 위해 협심해야 할 것입니다. 첨단 기술을 능수능란하게 활용하고 놀라운 혁신을 이어나가면서도 인본주의적 가치 중심을 잃지 않는, 균형 잡힌 미래 세대를 배출하기 위해서요. HAI가 인류의 지속적 성장을 지향하는 교육기관인 스탠퍼드에 자리 잡고 있다는 것이 새삼 의미 깊게 다가오네요. 현시대의 핵심 주체를 불러 모아 교류하는 가운데 '인간 중심의 AI' 관점을 공유하고 확산해나가는 HAI의 발걸음 자체가 미래 세대를 위해 중요한 교육적 과정임을 다시 한번 되새겨봅니다.

책임과 권한은 누구에게 있는가

● **윤** 인류 사회의 진보와 AI에 관련된 이슈 중 불평등이라는 주제를 빼놓을 수 없는데요. 박사님께서는 자동화에 대해 어떻게 생각하시는지 궁금합니다. 자동화 시스템은 관련 기술이나 데이터를 보유한 사람들에게는 엄청난 이익을 가져다줄 수 있지만, 그렇지 못한 사람들에게는 그들의 기회를 빼앗는 결과로 이어질 수 있다는 점이 자주 지적되는 부분이죠.

◆ **리** 인간이 강력한 도구를 개발한 건 AI가 처음이 아닙니다. 어느 시대에서든 인간이 개발한 강력한 도구는 늘 선과 악의 양면적 결과를 가져왔어요. 예를 들어 전기의 경우 이전에 발명된 그 어떤 기술보다 더 많은 사람

들에게 빛과 따뜻함을 가져다주었습니다. 그러나 동시에 시장경제하에서 불평등을 야기하는 요인이 되기도 했죠.

AI도 마찬가지라고 봅니다. AI 기술은 인류에게 매우 큰 선익을 가져다줄 수 있고 모든 이가 그 효용을 누리도록 하는 잠재력을 지니고 있습니다. 하지만 분석 가능한 데이터와 비즈니스 모델을 갖춘 사람들이 부와 권력을 독점하게 만들 수도 있어요.

그래서 저는 AI 기술이 선악을 결정하는 유일한 요소가 아니라 전체의 한 부분a part of equation이라고 생각합니다. AI 기술과 관련된 정책을 수립하고, 규제를 확립하고, 시민사회가 참여함으로써 전체가 이루어지는 것입니다. AI 기술이 그저 방치되는 것이야말로 제가 진심으로 걱정하는 일입니다. 사실 우리는 이미 인터넷 기술을 통해 기술 자체는 악하지 않다는 것을 경험했습니다. 악이란 사람들이 선하게 행동하지 않을 때, 좋은 정책이 부재할 때, 올바른 견제와 균형이 무너질 때 나타나는 것입니다. 기계의 가치는 독립적으로 존재하지 않습니다. 기계의 가치란 인간이 만드는 것, 즉 인간이 지닌 가치를 반영하는 것입니다.

제가 보건 의료 프로젝트를 진행하고 있으니 코로나19 바이러스를 예로 들어보겠습니다. 원격 의료 기술은 코로나19 바이러스로 급격하게 발전한 기술입니다. 원격 의료 덕분에 집 밖에 나갈 수 없는 노인이나 만성 환자를 비롯한 수많은 이들에게 의약품과 의료 서비스를 제공할 수 있었습니다. 저도 작년에 몸이 좀 안 좋다 싶을 때마다 제 담당 주치의와 영상통화를 자주 했습니다. 예전에는 영상으로 건강 상태를 상담한 적이 없었죠. 이와 같은 원격 의료는 의료 서비스가 보다 민주화된 사례라고 할 수 있을 것입니다. 그러나 동시에 우리는 이 시스템의 전 과정에 걸쳐 모두가 고르게 접근성을 갖추고 있는지, 혹여 누군가에게 불공정하거나 불평등하게 작동하지는 않는지 끊임없이 경계해야 합니다.

그리고 반드시 기억해야 할 점은 이 모든 시스템이 작동하는 과정과 의사 결정의 배후에는 사람이 있다는 것입니다. 이 점에 주의하지 않는다면 곳곳에서 불평등이 발생할 수 있어요. 그렇게 되지 않도록 AI 관련 정책부터 교육에 이르기까지 다중 이해관계자적 접근을 지속함으로써 공정성을 담보하기 위한 견제와 균형을 유지해야 할 것입니다.

● **윤** 네, 우리 모두가 반드시 유의하고 실천해나가야 할 부분을 말씀해주셨습니다. 특히 앞으로 사회에서 주도적인 역할을 할 사람들, 즉 차세대 리더들이 AI라는 강력한 도구를 올바른 방법으로 사용하는 것이 매우 중요

하리라 생각합니다. 그러려면 다음 세대가 기술의 발전적 유익뿐 아니라 그것을 적용하는 과정 곳곳에 도사린 위험에도 주의를 기울일 수 있도록, 그리고 기술 혁신 과정에서 인류를 위한 가치를 선택할 수 있도록 필요 역량을 강화하는 교육자의 역할이야말로 더욱 강조되어야 한다고 봅니다.

◆ **리** 네, 동의합니다. 또 저는 윤송이 님과 같은 비즈니스 리더 또한 미래 세대를 이끌어나가는 데 아주 큰 역할을 한다고 말씀드리고 싶습니다. 우리 모두는 각자의 자리에서 학습자이자 교육자니까요. 우리는 끊임없이 배워야 하는 동시에 누군가를 이끌어주고, 우리의 신념을 널리 전해야 할 필요가 있죠. 저는 그 과정에서 학계에 있는 사람뿐 아니라 업계 리더의 역할도 중요하다고 생각해요. 우리 사회를 구성하는 여러 이해관계자가 비즈니스 리더들과도 함께 이 길을 걸어나가야 한다고 봐요.

그런 관점에서 기업가로서 윤송이 님의 생각도 함께 듣고 싶습니다. 윤송이 님은 지속적으로 AI 윤리에 관한 화두를 던지고 방향성을 제시해오고 계시죠. 저희 HAI의 자문위원으로서 HAI의 활동에 대해 조언과 지지를 보내주기도 하시고요. 윤송이 님은 AI 기술이 초래할 수 있는 위험을 완화하는 데 필요한 기업가의 역할이 무엇이라고 생각하시나요?

● **윤** 지금 당장은 답변할 수 없을 것 같아요. 제가 박사님의 생각과 관점을 여쭌 이유가 바로 이것 때문이었거든요. 다만 저와 같은 기업가들은 무엇이 공정한 것인지, 공정성이 사회에서 어떤 의미를 지니는지에 대해 타당한 정의good definition가 없는 상황에서 공정한 것을 만들어내라는 요구를 받았어요. 그렇지만 저는 일단은 먼저 책임감을 인식하는 것에서부터 시작할 수 있다고 생각해요. 한 집단에 공정하게 보이는 것이 또 다른 시각에서는 꼭 그렇지만은 않거든요. 특정 관점이 지닌 결함을 인지하고, 관련된 여러 문제를 전체 맥락에서 다각도로 파악해야 한다는 사실을 지각하는 것이 좋은 출발점이 될 수 있다고 봅니다. 기업가나 엔지니어가 각각 자신들의 시선만으로 공정성에 대한 정의와 기준을 정할 수는 없으니까요. 그렇게 해서도 안 되고요. AI 기술을 다각도로 이해하고, 앞서서 길을 내고 있는 박사님 같은 연구자들의 다양한 생각과 관점에 귀 기울이고 함께 이야기 나누는 것이 필요하죠. 그렇기 때문에 솔직하고 명료한 박사님의 생각을 공유해주시는 지금 이 순간이 무척 감사하게 느껴집니다.

이미 시작된 AI 시대,

모든 것이 급변하는 혼돈 속에서

인류는 무엇에 주목해야 할까요?

국가와 문화를 초월하는 협력

윤송이_● 윤   페이페이 리_◆ 리

● 윤　AI를 바라보는 새로운 관점에서 시작한 저희의 대화가 기술 규제와 혁신 사이에서 균형을 유지하는 정부의 역할, AI 시대를 살아나갈 새로운 세대들에 대한 것까지 이르렀습니다. 이제 마지막 질문이 남았네요. 다양한 관점이 공존하는 현시대에 우리는 엄청난 문화 충돌을 목격하고 있습니다. 다양한 이해 집단 간, 세대 간, 정당 간 문화 충돌과 신념의 차이는 그 어느 때보다 극단으로 치닫는 듯합니다.

정부가 AI 기술에 대한 가이드라인을 수립하고 관련 정책을 실행하는 것과는 별개로, 개발자가 한 줄씩 입력하는 코딩 자체를 통제할 수는 없죠. 그렇다면 AI 알고리즘의 편향성은 기술 자체의 문제가 아니라 그 알고리즘을 코딩한 엔지니어, 즉 사람 또는 그 사람이 속한 사회가 지닌 편견을 보여주는 징후일 수도 있다고 생각합니다.
하지만 그러한 편견을 인지하고 극복할 수 있도록 가치 합의를 이끌어내는 것, 극도로 다른 시각이 교차하는 가운데에서도 함께 지켜내야 할 가치를 발견하고 다양한 가치의 조화를 이뤄내는 것, 인간에 대한 존엄을 흔들리지 않고 지켜내는 것 등의 과제는 그 어떤 역량 있는 교사나 정치인도 해내기 힘든 일입니다. 이토록 힘들고 어려운 과제를 AI 분야 리더들의 노력을 통해 성공적으로 해결해나갈 수 있다고 믿으시는지요? AI 기술을 선도하는 사람들이 어떻게 해야 이와 같은 과제에 제대로 대응할 수 있을까요? 저도 아직 이 질문에 답을 내리지 못하고 있습니다만, 박사님과 함께 이야기 나누면서 길을 찾아보고 싶습니다.

다양한 관점에서 돌파구를 찾다

◆ **리** 현시대에 필요한 심오하고 근본적인 질문이에요. 저 또한 이 질문에 명확한 답을 갖고 있다고 말씀드리기는 어렵습니다. 다만 윤송이 님과 저, 그리고 HAI 구

성원이 모두 함께 해답을 찾기 위해 탐구하는 과정이 라고 말할 수는 있겠지요.

HAI는 플랫폼을 만드는 데 많은 노력을 기울이고 있습니다. 다행스럽게도 저희는 비영리 교육기관으로, 상대적으로 중립적인 위치에 서 있어요. 그렇기 때문에 이 플랫폼에서 'AI를 디자인한다는 것은 어떤 의미인가?'라든가 'AI가 평등하고 인간적이기를 원한다면 어느 정도에서 끝내야 하는 것인가?'와 같은 열린 질문을 자유롭게 던질 수 있습니다. 논의를 진전시켜나갈 때는 법, 규제, 소셜 미디어, 사회운동, 그리고 여러 가지 다른 형태의 시대적 도구를 모두 고려해야 하겠죠. 하지만 결국 마지막에는 다중 이해관계자가 함께 대화하고 실험할 수 있는 포럼 같은 형태의 플랫폼이 필요합니다.

예를 들어 얼굴 인식 AI의 경우 영향력이 매우 큰 기술입니다. 사람들은 이 기술이 편향된 데이터를 바탕으로 인간에 대한 편견을 내포한 채로 재판과 같은 법률 집행 제도나 금융 제도, 의료 제도 등에 활용되거나 특정 피부색을 지닌 이들에게 불이익을 줄 수 있다고 우려합니다. 그만큼 많은 관심과 걱정을 동시에 불러일으키고 있는 기술이고, 다양한 관점을 가진 모든 세대가 이 기술에 대해 의견을 표현하고 있어요. 그래서 2019년에 HAI는 다중 이해관계자를 초청해 포럼을 열었습니다.[10] 미국시민자유연맹ACLU◇ 소속 변호사들과 알고리즘 정의 연대AJL◇◇ 같은 시민사회 단체, 미국 국립표준기술연구소처럼 국가 기준을 결정하는 연방 기구들, 지역 및 주 정부의 정책 입안자, 법학자, 본질론과 실재론 학자, 그리고 기술을 개발하고 연구하는 컴퓨터 과학자까지 모두 한자리에 모았습니다. 여기에서 얼마나 다양한 논의가 오갔는지 상상해볼 수 있을 거예요.

물론 이런 대화는 한두 번으로 충분하지 않아요. 다양한 사람들이 같은 장소에 모여 각자의 관점을 이야기하고 서로 귀 기울이도록 하는 것 자체가 매우 중요한 첫 단계입니다. 다중 이해관계자들이 자주 모여서 이야기를 나누기란 쉽지 않은 일이죠. 하지만 이렇게 함께 모이지 않는다면 우리가 어떻게 잠재적인 해결책을 찾거나 필요한 실험을 시도해볼 수 있겠어요. 또 이런 자리를 통해 서로 다른 입장을 이해하고 공감대를 형성해야 좀 더 보편적인, 모두의 선익을 위한 해결책을 찾아나갈 수 있다고 생각합니다. HAI는 바로 그런 대

◇ 미국 헌법이 보장하는 개인의 권리와 자유를 수호하기 위해 1920년 설립된 비영리단체를 말한다.

◇◇ AI 기술이 초래할 수 있는 차별과 부조리에 대항하기 위해 2016년 설립된 비영리단체. AI 시스템에 포함된 편견과 편향성 등을 폭로하고 대중이 AI의 영향력을 제대로 인식할 수 있도록 각종 사회운동을 펼치고 있다.

화가 가능한 플랫폼 구축을 열망하고 있어요.
그리고 플랫폼을 만드는 것을 넘어 관련 프로젝트나 연구도 지원하고 있습니다. HAI에는 이러한 일을 수행하는 법학자도 있고, 컴퓨터 공학자도 있어요. 저희가 직접 정책을 홍보하거나 정책 입안자를 돕는 활동을 할 수도 있습니다. 또 HAI에는 의회 관계자, 언론 기자, 그리고 기업 경영진을 포함한 다양한 사회계층 사람들을 초대하는 캠프가 있어요. 이와 같은 다중 이해관계자 플랫폼에서 수차례 토론이 이루어지고, 그 결과 다양한 콘텐츠가 만들어져요. 이를 바탕으로 더욱 풍부한 대화가 오가고, 이러한 과정에서 생성된 다양한 콘텐츠는 다중 이해관계자 간의 협업을 장려하는 교육 수단으로도 활용됩니다.
윤송이 님의 질문에 제대로 답변이 되었는지는 모르겠지만, 제가 믿고 있는 방법론에 대해 말씀을 드렸어요. 다중 이해관계자와 여러 세대의 리더, 사상가, 그리고 시민사회를 구성하는 다양한 사람들을 초대해 함께 해답을 찾는 것이지요.

● **윤** 네, 저 역시 다중 이해관계자가 참여하는 포럼을 열고 서로를 이해할 수 있는 장을 마련하는 것이 해답을 찾아나가는 데 중요한 첫 번째 단계임에 동의합니다. 다만 그 자리에 참여한 사람들이 서로 다른 용어를 사용

한다면 대화를 시작하기가 매우 어려울 것 같아요. 각계각층 사람들을 한자리에 모으는 것 자체도 큰 도전 과제지만, 모였다 하더라도 서로 같은 용어를 사용함으로써 큰 무리 없이 소통하게 하는 것 또한 상당히 쉽지 않은 과제가 될 듯싶습니다.

◆ **리** 맞습니다. 그러려면 이와 같은 만남과 대화의 과정을 수없이 반복해야 할 거예요. 문득 제가 보건 의료 프로젝트를 처음 진행했을 때가 떠오릅니다. 저는 의사들이 사용하는 의료 용어를 익히고 그들의 대화를 이해하는 데 수년이 걸렸어요. 그리고 지금도 계속 노력하고 있습니다.

국경과 경계를 넘어 하나가 되는 것

◆ **리** 저도 윤송이 님께 마지막 질문이 하나 있습니다. 윤송이 님은 아시아 사람이고, 국제사회에서 활동하신 경험도 있지요. 가끔 우리는 미국에만 지나치게 큰 관심을 두는 것 같기도 한데, 국제적 관점에 대한 이야기를 여쭙고 싶어요. 윤송이 님은 수평적 기술에 관련해 우리가 국제적으로 어떻게 관계를 맺어나가야 한다고 보시나요? 그리고 기술 자체에 대한 믿음뿐 아니라 이 기

술을 윤리적이고 공정하며 자애로운 방향으로 사용해야 한다는 신념까지 함께 확산시켜나가는 과정이 어떻게 이뤄져야 한다고 생각하시는지 궁금합니다.

● **윤** 제 생각에 모든 것은 탄탄한 기초부터 쌓아 올려야 한다고 봅니다. 우리가 여러 글로벌 리더와 협력해 기술에 대한 신념을 수평적으로 펼쳐나가기 위해서는 가장 일반적인 신념에서 출발하는 것이 중요하겠죠. 개인의 데이터 소유권과 그 데이터를 활용하는 자유를 예로 들면, 여러 국가가 이에 대해서 서로 다른 견해를 갖고 있어요. 심지어 어떤 제도에서는 개인의 데이터 소유를 존중하지도 않습니다. 이런 기본적인 부분부터 공통의 관점을 합의하지 않는다면 AI 기술에 대한 신념이나 필요한 기준을 퍼뜨리기란 매우 어려울 거예요. 그래서 전체론적 접근이 필요합니다. 단순히 기술 발전만 생각하는 것이 아니라, 법치와 민주주의에 대해서, 인류에 대한 믿음, 그리고 자유에 대해서도 통합적으로 고려하는 것이죠.

이처럼 중요한 관점을 다각도로 아우르면서 더 나은 미래를 모색하려면 함께 모이는 수밖에 없다고 생각합니다. 인류 사회의 진보를 위해 끈질기게 함께 일하는 것 말고는 대안이 없어요. 남아 있는 시간도 많지 않습니다. 미래를 향해 나아가는 과정에서 실수도 하겠지만, 그 경험을 통해 AI가 가져다줄 선익뿐 아니라 여러 단점, 주의하지 않으면 발생할지 모를 위험에 대해서도 깨닫는 기회가 되겠지요.

◆ **리** 네, 동감입니다. 대학 연구소에 있는 저로서는 윤송이 님과 같이 현재와 미래에 대해 명료한 책임감을 갖고 있는 비즈니스 리더의 이야기를 들으면서 큰 용기를 얻게 됩니다. 함께 걸어가는 긴 여정이 될 것 같아요. 윤송이 님처럼 친구이자 조언자이며 지지해주는 분이 있다는 사실이 감사합니다. 개인적으로도 우리가 함께 나눈 대화와 협력 프로젝트가 저에게 많은 것을 깨우치게 해주었고, 마음이 따뜻해지는 경험이기도 했습니다. 이러한 파트너십이 지속되기를 바랍니다.

● **윤** 저야말로 깊이 감사드립니다. 박사님과 함께 이야기를 나누면서 제 안에 담겨 있던 여러 생각이 구체화되고 명료해지는 것을 느낄 수 있었어요. 무한한 가능성을 지닌 AI 기술이 재편해나갈 미래 세계는 분명 불확실함으로 가득 차 있지만, 두려움에 멈춰 서기보다는 믿음을 갖고 나아갈 때 더 나은 미래를 만들 수 있으리라 생각합니다. 다만 중요한 것은 그 발걸음을 헛디디지 않도록 신중하게 무게를 실으며 단단히 중심을 잡아나가는 모두의 노력이겠죠.

박사님을 비롯해 이 분야를 선도하는 전문가들이 오랜 연구와 경험을 바탕으로 제시하는 청사진을 공통의 가치 기반으로 삼고, 정부와 기업가, 학자, 각 분야의 모든 세대가 끊임없이 대화하며 인류의 선익에 봉사하는 AI 기술을 위해 각자의 역할을 찾아나가는 여정. 그 궤적이 곧 기술의 혁신이자 인류의 진보로 자리매김할 것을 믿습니다.

AI 분야에서 누구보다 앞장서서 올바른 길을 만들어가며, 책임감을 갖고 세계에 선한 영향력을 펼치기 위해 애쓰시는 페이페이 리 박사님과 HAI를 지원하는 것은 제게도 큰 기쁨이자 영광입니다. 의미 깊은 대화 나누어주셔서 정말 고맙습니다.

인류 역사상
경험해보지 못한
문제들이 온다

2장

피할 수 없는 딜레마

AI [교육] Framework × 롭 라이히

[미래의 답은 공학과 인문학이 결합된 교육에 있습니다]

롭 라이히 Dr. Rob Reich

정치학 교수이자 스탠퍼드 인간중심인공지능연구소HAI의 부소장으로 스탠퍼드 대학에서 정치학을 가르치며, 교육 대학원에서도 강의를 하고 있다. 스탠퍼드 대학 사회윤리센터의 책임자이자 필란트로피·시민사회센터의 공동 책임자로, 윤리, 공공 정책 및 기술 분야에 중점적으로 관심을 두고 있다. 《미국 교육의 자유주의와 다문화주의를 잇는 가교Bridging Liberalism and Multiculturalism in American Education》, 《교육, 정의, 민주주의Education, Justice, and Democracy》, 《그저 주는 것: 민주주의를 실패로 이끌고 있는 자선, 어떻게 해야 제대로 실천할 수 있는가Just Giving: Why Philanthropy is Failing Democracy and How It Can Do Better》 등의 저서 및 편저를 통해 정치학 분야뿐 아니라 교육 관련 주제도 꾸준히 다뤄왔으며, 최근에는 《디지털 기술과 민주주의 이론Digital Technology and Democratic Theory》, 《시스템 에러: 빅 테크 시대의 윤리학System Error: Where Big Tech Went Wrong and How We Can Reboot》을 출간하며 기술 중심 시대의 민주주의 사회에서 주목해야 할 윤리 의식을 조명하고 있다.

한 번도 경험하지 못한 문제들,

한두 사람이 해결할 수 없는

AI 기술이 불러온 놀라운 변화는 어느새 흔한 일상이 되었습니다. 눈앞의 스마트폰을 바라보면 순식간에 얼굴을 인식해 화면 잠금을 해제해주고, 장바구니에 넣어둔 채 구입을 망설이던 상품을 자동으로 결제해줍니다. 그러나 동시에 이와 같은 얼굴 인식 기술, 종단 간 암호화 플랫폼 같은 기술이 발전을 거듭함에 따라 개인의 사생활 보호와 국가의 안보가 상충하는 등 이전까지 생각하지 못했던, 그리고 생각할 필요가 없었던 문제도 제기되고 있습니다. 첨단 기술로 연결된 유토피아에 대한 상상만큼이나 디스토피아에 대한 우려도 더욱 커져가는 시점이지요.

AI 기술이 우리 사회를 어떻게 변화시켜나갈지, 그 과정에서 어떤 문제가 발생할지, 인류는 그 문제를 어떻게 다뤄야 할지 논의하는 것은 이제 피할 수 없는 과제입니다. 인간을 보다 이롭게 하는 기술이라는 초점을 잃지 않기 위해 필요한 질문을 놓고 함께 토론하고, 여러 가치가 상충하는 상황에서 인간을 위한 균형 잡힌 관점의 틀을 마련함으로써 AI와 함께하는 새 시대의 윤리를 정립해야 합니다. 이 과정은 AI 전문가의 관점만으로, 혹은 철학자나 윤리학자의 관점만으로 이루어질 수 없습니다. 정부 주도의 특정 규제나 정책으로 가능한 것도 아닙니다.

세계의 석학들은 그 해답을 모두가 함께 참여해 윤리적 기틀을 잡아나가는 논의와 교류의 과정, 특히 인문학, 사회과학, 공학 등 여러 학문 분야를 아우르며 소통하는 교육적 과정에서 찾고 있습니다. AI 기술이 발전함에 따라 빠르게 변하는 상황에 올바르게 대처하기 위한 정보를 대중적으로 공유하는 한편, 대학의 AI 윤리 커리큘럼을 통해 현재뿐 아니라 미래 세대까지 장기적인 관점으로 세상을 변화시켜나가기 위해 움직이고 있는 것입니다.

이번 장에서는 AI의 영향력을 빠르게 인지하고, 공학과 윤리학의 융합 수업을 선도적으로 진행하고 있는 스탠퍼드 대학의 롭 라이히 박사님과 함께 이야기를 나눕니다. AI 시대의 정치학자로서 적극적 행보를 펼치는 가운데 AI가 야기할 수 있는 잠재적 위협에 대응하기 위한 윤리적 기틀 마련과 교육의 중요성을 꾸준히 강조해오신 박사님과의 대화를 통해, AI와 더불어 살아가야 하는 현대사회에서 우리가 민주 시민으로서 주목해야 할 윤리적 시선의 중요성을 되짚어보고자 합니다. 또 이를 지속 가능하게 전수하기 위한 교육적 방안에 대해서도 영감을 얻는 시간이 되리라 기대합니다.

AI 시대 인문학자의 역할

윤송이_● 윤 롭 라이히_◆ **라이히**

● **윤** 안녕하세요, 롭 라이히 박사님. 이번 대화에 함께해주셔서 감사합니다. 박사님과 이야기 나눌 주제는 제가 무척 좋아하는 주제 중 하나입니다. 첨단 기술의 빠른 발전이 가져오는 사회질서의 변화를 면밀히 주목하면서, 그 전환의 혼돈 가운데 살아가는 민주 시민으로서 우리가 해온 선택과 앞으로의 선택을 함께 탐구하는 일 말이죠. 우선 박사님께서 근래 출간한 책《디지털 기술과 민주주의 이론》에 대한 이야기부터 나눠보면 어떨까 싶습니다. 민주주의 사회에 대한 이론적 관점과 접목해볼 때 오늘날 주목해야 할 기술적 변화와 당면한 문제는 무엇이라고 보시나요?

◆ **라이히** 안녕하세요. 저 역시 윤송이 님과 함께 대화할 수 있어 기쁩니다. 스탠퍼드 HAI에서 일하면서 가장 좋은 점은 바로 이렇게 대학 밖에 계신 다양한 분들과 이야기할 기회가 주어진다는 거예요. 이러한 과정을 통해 저 또한 학자로서 많은 것을 배웁니다.

말씀해주신 《디지털 기술과 민주주의 이론》은 여러 측면에서 HAI의 사명과 연결된 책입니다. 스탠퍼드 대학의 실험실에서 여러 디지털 도구, IT 서비스, 플랫폼이 탄생했어요. 이 기술들이 실리콘밸리에 있는 회사들을 통해 전 세계로 보급되었고, 디지털 혁명을 일으켰습니다. 디지털 기술이 막 발전하기 시작하던 때 대다수 사람들은 이와 같은 디지털 도구가 민주주의를 발전시킬 것이며 인류 전체의 해방에 기여할 것이라고 생각했습니다. 하지만 지난 4~5년 동안 우리는 디지털 도구와 플랫폼, IT 서비스가 오히려 억압이나 감시의 수단이 되고, 진실을 왜곡하거나 은폐하고, 기존 미디어와 저널리즘의 형식을 파괴하면서 잘못된 정보를 유포하는, 우리의 기대와 반대되는 모습을 목격했습니다. 그래서 기술에 대한 전망은 낙관주의에서 견고한 비관주의로 변화했어요.

실제로 디지털 도구는 이 세상에 좋을 수도 있고 좋지 않을 수도 있습니다. 이제는 민주주의와 민주적인 이상ideals, 그리고 디지털 경제에서 중요하고 강력한 도구와 플랫폼, IT 서비스의 상호작용에 대해 생각하도록 노력해야 합니다. 이러한 관점에서《디지털 기술과 민주주의 이론》은 미래를 위한 연구 의제를 설정하는 데 보다 냉정하고 성숙한 관점을 제공하려고 합니다. 그래서 철학자, 경제학자, 컴퓨터 공학자, 정치학자, 심리학자 등 다양한 분야의 학자들이 함께 모여 이 책을 집필했습니다. 극단으로 치우치지 않으면서 다양한 분야의 지식을 공유하고 대화하기 위해서요. 여러 분야의 사람들이 이 책을 읽고서 우리 모두가 생산적으로 나아갈 수 있도록, 디지털 혁명이 가져올 수 있는 잠재적 손해를 완화하거나 제거하기 위한 방법을 제시하도록 각자 자신의 분야에서 고민하기를 바랍니다.

● **윤** 박사님의 말씀을 들으니 책의 주제와 내용뿐만 아니라 집필 과정까지 HAI의 사명과 밀접하게 연관되어 있다는 것이 확실히 느껴집니다. HAI야말로 다양한 분야의 지식을 결합해 연구함으로써 인류가 AI 기술과 함께 살아가기 위한 공동의 지혜를 모색해나가는 기관이니까요.

앞서 페이페이 리 박사님이 HAI의 활동을 통해 이러한 대화가 보다 활발히 이루어지도록 하는 플랫폼 형성에 대해 강조하셨는데,《디지털 기술과 민주주의 이론》 자체가 그러한 플랫폼의 일종이라는 생각이 듭니다. 디지털 기술을 가장 가까이에서 다루는 컴퓨터 공학자뿐 아니라 박사님 같은 정치학자, 경제학자, 심리학자 등 다양한 분야 학자들의 의견이 종합되어 있으니, 독자는 이 책을 통해 다양한 각도의 관점을 접할 수 있고 각자의 고민을 공론화할 기회를 얻을 수 있을 듯싶습니다.

◆ **라이히** 네, 그렇습니다.

윤리학자가 참여하는 시점은 '처음'부터

● **윤** 사실 이처럼 다양한 시선이 서로 편안하게 교류하고 대화를 종합해나가기 시작한 건 얼마 되지 않았습니다. 특히 컴퓨터 공학이나 AI 같은 분야는 철학 및 사회과학과는 거리가 먼 것처럼 여겨져왔습니다. 하지만 AI 기술의 영향력은 해를 거듭할수록 확대되고 있고, 그 영향이 미치는 범위가 산업계를 넘어 정치·경제·문화적 차원으로 확대되고 있습니다.

이 시점에서 정치학자라는 정체성 아래 HAI에 참여하고 계신 박사님의 경험을 나눠주시면 큰 도움이 될 것 같습니다. 컴퓨터 과학과 AI 기술에 기반을 두고 있는 HAI에 어떻게 함께하게 되셨는지요? 정치학자의 관점에서 볼 때 HAI가 더 나은 미래를 만들어나가고자 하는 과정에 참여하는 것을 어떻게 생각하시는지, 참여하면서 가장 중요한 것은 무엇이라고 보시는지도 궁금합니다.

◆ **라이히** 이 질문에 대해서는 솔직하게 말씀드리겠습니다. 제가 스탠퍼드 대학에서 약 20년 동안 정치학과 교수로 재직해왔는데, 최근 10년간 컴퓨터 공학, 특히 AI 분야를 전공하는 학생의 수가 매우 크게 증가했습니다. 그래서 저는 이 분야가 그토록 많은 사람을 끌어들이는 비법이 무엇인지 궁금해졌지요. 컴퓨터 공학을 전공하면 높은 연봉을 받을 가능성이 크긴 하지만, 이렇게 증가한 수치는 학생들이 직접 행동으로 보여준 대단한 변화였어요.

저는 컴퓨터 공학, AI 분야의 캠퍼스에서 무슨 일이 일어나고 있는지 알아보고 싶었습니다. 그래서 그곳에서 시간을 보냈어요. 덕분에 페이페이 리 박사님과 다른 HAI의 리더들도 만나게 되었죠. 그분들과 여러 차례 대화를 하면서 HAI의 핵심 사명에 공감하게 되었습니다. AI의 미래를 고민하는 과정에서 철학자나 윤리학자, 사회과학자의 역할은 AI 개발자가 연구실에서 무언가를 발명하고 난 이후에, 또는 기업이 그런 기술을 상용화한 다음에 시작되는 게 아니라는 것입니다. 즉 기술 개발자들이 위대한 발명품을 세상에 내놓고 난 후 발명품이 세상에 미치는 영향을 살피면 늦다는 것이지요.

저는 AI 개발자들과 함께 연구실에 머무르면서 디자인 단계 혹은 아이디어의 초기 단계부터 윤리적 문제, 민주주의적 사고방식, 민주주의 제도와의 상호작용에 대해 질문하고 이야기 나누기를 원했습니다. 사회과학 분야를 연구하는 제 동료들을 위해서도요. 그런 점에서 스탠퍼드 HAI의 장점은 다른 기관들과 달리 세계적 수준의 사회과학자와 철학자가 함께 모여 있다는 것입니다. HAI는 그 역량을 활용해 곳곳의 뛰어난 학자를 한데 모음으로써 더 나은 미래를 만드는 일에 동참하도록 이끌고 있습니다.

● 윤 솔직한 대답 감사드립니다. 저 또한 철학과 윤리, 사회과학이 지닌 엄청난 힘을 잘 알고 있고 중요성을 인식하고 있습니다. 하지만 오늘날 AI 분야와 달리, 기계공학이나 전기공학 같은 분야를 보면 철학이나 윤리 같은 사회과학 영역이 초창기부터 적극적으로 참여하고 있지는 않거든요. AI 분야를 여타의 이공 계열 학문과는 다르게 접근해야 하는 이유는 무엇일까요? 왜 유독 AI 분야에 사회과학 분야의 참여가 필요하다고 보시나요?

◆ **라이히** 글쎄요. 저는 윤송이 님의 말씀에 절반은 동의하고 나머지 반은 동의하기 어렵습니다. 이와 같은 참여가 유일하게 AI 분야에서만 강조되는 것은 아니니까요. 생명 윤리와 의학 연구 분야, 그리고 의약품 개발 분야에 견주어볼 수 있을 것 같은데, 이 분야에는 생명 의료 윤리학의 역사와 생명윤리위원회IRB, 그리고 연방식품의약국FDA이 존재합니다. 철학 및 윤리와의 접점뿐 아니라 사회 전반을 관할하는 광범위한 제도도 포함되어 있지요. 의과 대학에 다닌다면 윤리학 강의를 반드시 들어야 하고, 병원에도 일반적으로 윤리 위원회가 있습니다. 저는 공학 기술의 역사에서도 이와 관련된 유사점이 있다고 생각합니다.

하지만 윤송이 님의 말씀처럼 AI 분야가 특별한 점도 분명히 있습니다. 공학 기술 가운데에서도 AI 분야의 중요한 차이점은 학문으로서 컴퓨터 공학 분야가 1950년대 이전에는 존재하지 않았다는 사실입니다. 즉 매우 새로운 분야인 동시에 아주 짧은 시간에 세계의 많은 부분을 장악한 것이죠. 저는 이중 혁명◇과 인공지능, 생명공학, 특정 유전자 재배열이 21세기의 가장 중요한 발견 혹은 혁명이라고 믿고 있어요. 예를 들어 유전자 재배열 기술을 적용한 AI 분야의 결과물은 매우 끔찍할 수도 있습니다. 그렇기 때문에 이러한 발견과 혁명이 인류에게 이익만 줄 수 있도록 대학뿐 아니라 전 세계가 감시하고 살펴야 하는 것입니다. 그리고 대학은 각종 연구 결과와 새로운 발견 혹은 발명이 단지 기업의 이익이나 정치적 의제에 좌우되지 않고, 더 나은 세상을 만들고 진실을 추구하는 방향으로 활용되도록 노력해야 합니다. 그래서 저는 어쩌면 인류의 운명까지 결정할 수 있는 이 강력한 혁명이 일어나는 21세기에서, 대학이 아주 중요한 시기에 직면했다고 생각합니다.

● **윤** 하지만 컴퓨터 공학과 AI가 다른 공학 분야보다 생명공학 또는 의학에 더 가깝다는 것을 명확하게 인지하기란 쉽지 않은 듯합니다. 의학 분야가 사람의 신체 내·외부에 직접 접촉해 만지면서 생명을 다루는 분야라면, AI 분야는 사실 그 반대 영역에 있는 것처럼 보이거든요. 그래서 저는 교수님의 의견이 굉장히 흥미롭다는 생각이 듭니다. 이와 관련해 조금 더 자세히 말씀해주실 수 있을까요?

◇ 이중 혁명이란 18세기 말부터 19세기 초에 있었던, 산업혁명과 세 차례에 걸쳐 벌어진 프랑스혁명을 일컫는 표현으로, 영국의 역사학자 에릭 홉스봄이 사용했다. 이중 혁명으로 서구에는 경제적 자본주의와 정치적 민주주의를 특징으로 하는 근대사회가 출현했다.

◆ **라이히** 네, 흔히 그렇게 생각할 수 있습니다. 의학 분야나 제약 실험 과정은 인체와의 직접적 상호작용이 포함되지만 AI의 경우는 그렇지 않으니까요. 하지만 이런 사례를 한번 생각해봅시다. 6~7년 전 페이스북 AI 개발자들이 뉴스피드의 알고리즘을 변화시키는 것으로 사용자들의 감정 변화를 이끌어낼 수 있는지 실험을 했어요. 행복하고 친근하게 느껴지는 콘텐츠의 노출 순위를 더 높이고 우울한 콘텐츠의 순위는 낮추거나, 혹은 그 반대의 방식으로요. 뉴스피드가 우리 몸에 직접 닿는 것은 아니지만, 인간의 웰빙에 미치는 영향을 조사하기 위해 특별히 설계된 실험이었죠.[1]

저는 시리Siri나 알렉사Alexa 같은 여러 AI에도 마찬가지로 적용된다고 생각합니다. AI는 인간에게 정서적인 영향을 미칠 수 있고, 정보 환경에 영향을 줄 수 있기에 삶의 질과도 깊은 관련이 있다는 것이에요. 물론 혈액에 직접 약물을 주입하는 제약 실험을 하는 것과 완전히 동일하다고 할 수는 없겠지만, AI 분야도 약물 실험에서 발생할 수 있는 비슷한 문제나 의혹을 불러일으킬 가능성이 있다고 봅니다.

윤리적 딜레마에 빠진 기술, 균형을 잡는 프레임이 필요하다

● **윤** 박사님께서 말씀하신 사례를 떠올려보니 확실하게 와닿는군요. 사람의 몸에 직접 접촉하지 않는다 해도 심리적, 정서적 측면으로 영향을 미칠 수 있고, 그것이 다시 신체적 반응을 야기할 수도 있으니까요. 오히려 일대일로 접하는 것이 아니기 때문에 AI의 영향력이 더 광범위하게 작용한다고 볼 수도 있을 것 같습니다. 그만큼 제반 사회 영역에 미칠 영향에 관련해 철학적, 윤리적 관점에서 면밀하게 숙고하고 연구에 동참하는 것이 필수일 수밖에 없고요.

그러나 AI 기술 개발에서 철학적, 윤리적 숙고와 정치사회적 관점이 충분히 동반되어야 한다는 흐름에 제동을 거는 시각도 존재합니다. 모든 규제 및 윤리 지침은 기술 혁신에 악영향을 끼친다고 생각하며 거부하려는 자유주의 시장 신봉자와 극단주의자의 입장입니다. 이에 대해 어떻게 생각하시는지요?

◆ **라이히** 저는 사람들이 그러한 고정관념에서 하루빨리 벗어나기를 바랍니다. 사람들은 흔히 저와 같은 윤리학자가 공학자나 과학자들과 어울려 시간을 보내면 제가 그들에게 "좀 천천히 합시다", "그 일은 멈추는 게 어떨까

요?", "그게 정말 좋은 생각이라고 확신할 수 있나요?" 하는 식으로 딴지를 건다고 생각합니다. 또 그렇게 하는 것이 윤리학자의 역할이라고 생각하고, 마찬가지 방식으로 철학자들도 기업의 움직임에 제동을 건다고 생각하죠. 물론 가끔 그렇게 하기도 하지만, 저는 일반적으로 철학자의 역할은 그런 것이 아니라고 생각합니다. 그것은 마치 "윤리에 대해서는 제가 전문가이니 당신은 그저 당신의 일을 하시고, 저와 같은 윤리학자가 그 일이 올바른 아이디어인지 아닌지 결정하게 두세요"라고 말하는 것과 같습니다.

저는 윤리란 누구도 피할 수 없는 것이라고 생각합니다. 우리 모두가 도덕적 잣대를 지니고 있고, 개인적인 일상에서나 직장 생활에서 윤리적 문제를 마주하게 됩니다. 저는 무엇이 옳고 그른 일인지 결정해주는 전문가가 아니라, 개인적인 삶과 사회적인 삶에서, 그리고 특히 기술 진보의 최전선에서 불가피하게 가치가 상충할 때 필요한 윤리적 관점의 틀을 제공하는 사람이고 싶습니다.

구체적인 예를 들어보겠습니다. 우리 모두에게 익숙한 스마트폰에 적용된 감시 기술과 웹 서핑 등을 통해 다양한 데이터를 수집하는 쿠키에 대해 살펴보죠. 몇몇 사람들은 이것은 엄청난 사생활 침해다, 인터넷이 기본적으로 개인의 사생활을 침해한다고 말합니다. 꽤

“

저는 윤리란

누구도 피할 수 없는 것이라고

생각합니다.

그럴듯한 견해로 들리기도 합니다. 또 '정부나 회사가 메시지 내용을 검열할 수 없도록 시그널이나 왓츠앱 WhatsApp 같은 종단 간 암호화 플랫폼◇으로 옮겨 가자'고 주장하는 사람들도 있습니다. 그렇게 하면 사생활 보호에 훨씬 더 효과적이기는 할 겁니다. 하지만 정부 입장에서는 이렇게 응대할 수 있죠. "글쎄요, 만약 테러리스트가 종단 간 암호화 플랫폼에서 조직적으로 테러를 준비하면 어떻게 하죠? 혹은 성매매범이 범죄를 저지르기 위해 사용한다면 어떻게 대응할 수 있죠?"

이처럼 사생활과 안전, 또는 사생활과 보안은 상충되는 면이 있습니다. 철학자에게뿐 아니라 우리 모두에게 철학적으로 흥미로운 부분은 이겁니다. 당신이 회사에서 감시 기술 같은 도구를 개발하는 사람이든 혹은 공공 규제 정책을 제정하는 사람이든, 개인의 사생활을 보호하는 것과 개인의 안전이나 국가 안보를 지켜야 하는 것 사이의 상충 관계를 직면하게 된다는 것입니다. 어떻게 그 균형을 맞출 수 있을까요? 저는 그저 '내 직감대로 할 거야'라고 생각하는 건 앞으로 나아가는 방법이 아니라고 생각합니다. 그리고 바로 그 균

◇ 종단 간 암호화, 또는 단대단 암호화(E2EE)란 플랫폼 혹은 생태계 사용자들 간 통신 내용을 플랫폼 제공 업체를 비롯해 그 누구도 볼 수 없게 하는 기술이다.

형을 논하는 지점에 철학자가 개입할 수 있는 것이죠.

● **윤** 네, 더 명확하게 이해가 됩니다. 앞서 언급하신 것처럼 우리는 AI가 상용화되면서 피해나 손해가 발생하는 일상을 마주하고 있습니다. AI를 활용한 도구에 편견이나 차별이 내재될 수 있다는 사실이 발견되었고, 알고리즘을 활용하는 소셜 네트워크 미디어에 대한 불신도 확산되고 있어요. 이와 관련해 윤리학자로서 고민하고 계신 사안을 몇 가지 더 이야기해주실 수 있을까요?

◆ **라이히** 이 주제라면 정말 수많은 고민과 질문이 존재하지요. 우선 윤리적 관점에서 공통의 기준이 없을 경우 강력한 얼굴 인식 기술을 활용한 도구는 하향식 경쟁에 처할 우려가 있습니다. 하지만 우리는 기업이 무엇을 하든 그들의 고객이 무엇을 원하든, 스마트폰에 내장된 얼굴 인식 기술이 지나치게 발전해 거리를 지나가는 모든 사람을 식별해내는 기술이 등장하기를 바라지는 않을 것입니다. 드론을 통해 얼굴 인식 기술을 활용하거나 치안 혹은 군사적 목적으로 이용하는 데 대해 의문을 제기하는 것 또한 같은 맥락이겠죠.

오늘날 AI는 자동화 시스템과 로봇, 그리고 노동을 대체할 기술을 통해 확산되고 있습니다. 따라서 현재 매우 중요한 정책적 질문은 "AI 혁명을 목전에 둔 상황에서 일의 미래는 어떻게 될 것인가?" 하는 것입니다. 동시에 "자동화된 도구와 시스템을 통해 이익을 얻는 회사의 경우, 자동화 시스템이 부분적으로 야기하는 일자리 손실을 완화하기 위해 어떤 책임을 질 것인가?", "그에 대한 책임은 정부가 져야 하는가, 사업자 개인 혹은 회사가 져야 하는가?", "정부가 적정 수준의 로봇세금을 책정할 수는 없는가?", "인간의 일자리를 대체하기보다 인간의 능력을 강화하거나 향상시키는 AI 도구를 고안하는 데 대한 논의는 있는가?" 같은 질문이 이어질 것이고요.

또 이런 부분도 생각해봐야 합니다. 사람들은 종종 암 진단 도구에 대해 이야기할 때, 초기 단계의 피부암을 바로 판별하거나 인간의 시각 능력을 향상시키는 다양한 유형의 컴퓨터 시각 장치를 떠올립니다. 하지만 우리는 기계가 암을 최종 진단하는 세상이 오기를 진정으로 바랄까요? 아니면 그 과정에 의사가 참여하기를 원하는 것일까요? 어느 쪽이든 제 생각은 사람들이 대체로 특정 부분에서 기계적 기능과 인간의 지능이 조합되기를 원한다는 것입니다. 이러한 질문들은 우리 모두가 함께 생각해야 할 과제입니다. 단순히 컴퓨터 공학자나 철학자에게 맡겨둘 것이 아니지요. 이 모든 과정에 전면적으로 접근해야 하고 모두가 함께 고민해야 할 중요한 과제입니다.

● **윤** 동의합니다. AI 기술은 단어 그대로 정말 혁명적인 변화를 시시각각 불러오고, 그 변화를 마주하는 우리 모두가 매 순간 새로운 질문에 맞닥뜨리고 있어요. 어떤 관점이나 질서도 홀로는 오롯이 정답이 될 수 없습니다. 인류로서 함께 얽혀 있는 모두가 각자의 관점을 보태 새 시대의 윤리적 기준을 통합적으로 정립해나가야 하는 시점입니다. AI 전문가든 아니든, 뛰어난 학자든 아니든 상관없이, 이 시대의 변화를 겪는 모든 사람의 관점이 의미가 있다는 것, 또 그만큼 각자의 의견을 책임 있게 표현하고 상호 경청하는 것이 중요함을 되새겨야 합니다.

어떤 관점이나 질서도

홀로는 오롯이 정답이 될 수 없습니다.

인류로서 함께 얽혀 있는 모두가

각자의 관점을 보태

새 시대의 윤리적 기준을 통합적으로

정립해나가야 하는 시점입니다.

생명 윤리 & 생명 의료 윤리학[2]

생명 윤리bioethics라는 단어는 미국의 종양학자 반 렌셀러 포터가 1970년 출판한 저서 《생명 윤리, 생존의 과학Bioethics: The Science of Survival》에 처음 등장했다. 포터의 표현에 따르면 생명 윤리란 생물학 지식과 인간의 가치 체계에 대한 지식을 함께 엮는 새로운 학문으로, 인간의 존엄과 가치를 향상시키는 것이 생명 윤리 분야의 임무라고 여겼다.

이 개념이 등장해 논의되기 시작하던 20세기 후반은 의과학기술 및 생명공학의 발전으로 인공 임신중절, 장기이식, 체외수정술 등이 활성화되던 시기였기에, 생명 윤리에 대한 논의 및 학제적 탐구는 주로 의료 행위와 연결된 맥락에서 이루어졌다.

이후 전 세계적으로 생명 윤리적 관점의 논의에 불을 붙인 것은 1996년 영국 로슬린연구소에서 체세포핵 이식을 통한 포유동물 복제에 성공해 새끼 양 돌리Dolly가 탄생한 일, 그리고 2005년 한국

황우석 교수 연구 팀의 줄기세포 조작 사건이었다. 생명체, 특히 인간 복제 가능성에 대한 우려는 현대 의료 및 생명과학기술의 발전이 불러올 문제에 대해 철저한 윤리적, 법적, 사회적 고찰이 필수임을 일깨웠고, 생명과학과 보건 분야에서 윤리학적 기반을 갖춘 정책 및 제도 연구에 박차를 가하는 계기가 되었다.

특히 황우석 교수 사건의 경우 불법 난자 매매 및 여성 연구원으로부터의 강제 난자 채취 등 연구 과정에서 발생한 윤리적 문제도 드러났으며, 당시 연구진뿐 아니라 관련 정부 부처까지 연결되어 사실을 왜곡·은폐하려 한 정황이 드러나면서 국내 학계 전반의 연구 윤리 의식 부재와 인간 대상 연구에 대한 관리 및 규제 시스템의 부실이 지적되었다. 이에 한국 정부는 의료 맥락에 한정되었던 기존 '생명 윤리 및 안전에 관한 법률'을 2012년 전부 개정, 2013년 발효함으로써 제도적 기반을 다지고자 했다. 동법에 따르면 생명 윤리는 다음 두 가지 측면으로 규정된다. 첫째, 생명 윤리란 연구 과정 측면에서 연구에 참여하는 연구 대상자의 보호와 관련된 윤리를 의미한다. 이는 연구 수행 과정에서 인간의 존엄성 확보, 정당한 절차에 의한 연구 대상자 모집, 연구 진행 시 연구 대상자의 안전한 보호, 연구 대상자의 개인 정보 보호 등을 포함한다. 둘째, 생명 윤리의 또 다른 측면은 그 연구 결과가 인간의 존엄성을 보장하는 동시에 안전하고 윤리적으로 상용화, 산업화될 수 있게 하는 것이다. 여기에는 사회 통념을 위반하는 인간 복제의 금지, 지능·비만·외모 등과 관련한 유전자 검사 제한, 난자·정자 등 생식세포의 매매 금지, 대리모의 제한 등이 포함되어 있다.

더 나은 미래를 향한 윤리 교육

윤송이_ ● **윤** 롭 라이히_ ◆ **라이히**

● **윤** 박사님과 함께하는 첫 번째 주제로 AI 기술이 불러올 수 있는 잠재적 위협에 대해 이야기 나누었습니다. 그뿐 아니라 그에 맞서 아이디어의 가장 첫 단계에서 이루어져야 할 윤리적 관점의 검토 및 논의의 중요성도 이야기했지요. 정치학을 전공한 박사님께서 HAI에 참여함으로써 보여주고 계신 것처럼, AI 분야는 더 이상 컴퓨터 과학이나 공학의 지류가 아니라 학문의 경계를 넘어 다양한 관점의 사람들이 함께 만들어나가는 통합적 영역인 것이죠.

지금까지 이뤄져온 사회적 변화를 고려할 때 이러한 다학제적 노력은 앞으로도 더 중요해질 것입니다. 복잡하게 얽힌 가치가 충돌하는 상황에서 인류 사회를 위한 무게중심을 잡고 윤리적 기준을 마련하는 일, 그래서 쉬이 쓰러지거나 포기하지 않고 AI 시대에 거듭 제기될 새로운 질문에 꾸준히 응답하는 일은 이제 막 첫걸음을 뗀 것이 아닐까 싶습니다.

그런 의미에서 박사님과 이야기 나눌 두 번째 주제는 이 걸음을 앞으로도 계속 이어나가기 위한 방안으로서 '교육'에 대한 것입니다. 박사님께서는 원래 전공대로 정치학과 윤리학 관점에서 현대사회의 기술 문명을 꾸준히 다루었지만, 동시에 교육적 접근에 대한 강조도 놓친 적이 없지요. 실제 20년 동안 강단에 서온 교육자이시기도 하고요. 그렇다면 AI 시대의 변화 속에서 인간이 올바르고 행복하게 살아갈 수 있도록 필요한 기준과 정보를 제공하는 교육적 노력을 더욱 확대해야 한다고 할 때, 우선적인 교육 대상은 누구라고 생각하시나요? 역시 AI 기술의 잠재적 위협을 최전선에서 경험하고 있는 소비자를 대상으로 필요한 정보를 제공해야 할까요? 아니면 AI 개발자 혹은 정부를 대상으로 정보를 제공하는 것이 더 중요할까요?

“

AI 분야는 더 이상

컴퓨터 과학이나 공학의 지류가 아니라

학문의 경계를 넘어

다양한 관점의 사람들이 함께 만들어나가는

통합적 영역인 것이죠.

”

우리가 할 수 있는 행동의 총합에 대해

◆ **라이히** 저는 윤송이 님께서 언급하신 주체가 모두 중요하다고 생각합니다. 다만 어찌 되었든 소비자에게만 맡기는 방법으로는 우리가 당면한 문제를 해결할 수 없다고 봅니다. 그런 방식은 일종의 일대일 접근법이라서, 더 광범위하고 집단적인 방식으로 대처하기 어렵게 만들기 때문입니다. 가령 어떤 사람은 '페이스북'에 싫증이 나서는, 휴대전화에서 페이스북 앱을 삭제하는 것만이 여러 문제에 대응하는 유일한 해결책이라고 이야기합니다. 또는 스마트폰이 각종 알림을 비롯해 사용자의 주의를 산만하게 하는 것으로 가득 차 있기 때문에 아예 화면을 흑백으로 만들어야 한다고 말하는 사람도 있어요. 그러고는 '이것이 소비자의 힘이다'라고 주장합니다. 하지만 이것이 우리가 할 수 있는 행동의 전부라면, 결국 우리가 손해를 입게 될 겁니다.

개별 소비자뿐만 아니라 기업도 중요한 주체로서 책임감을 갖고 혁신 과정에 임해야 하고, 다양한 비영리 및 자선단체와 시민사회 조직 또한 여러 상황에 민첩하게 대응해야 합니다. 물론 정부의 개입도 중요한 요소로 고려해야 하지요.

제가 생각하는 콘텐츠의 검열 혹은 규제 지침에 대해 한 가지 예를 들어보겠습니다. 우리가 걱정 없이 영화

관에 가던 때의 이야기입니다. 미국의 경우 모든 영화에 등급이 매겨진다는 것을 알고 계실 겁니다. G General Audiences, PG Parental Guidance Suggested, R Restricted, 또는 No Content, 이런 식으로요. 그런데 이건 미국 정부에서 설정한 법이 아니에요. 자체적으로 콘텐츠 수준을 규제하고, 소비자에게 충분한 정보를 제공하기 위해 영화업계에서 자발적으로 마련한 것이죠. 소비자는 바로 이러한 정보를 바탕으로 자녀들의 영화 시청을 허락할지 말지에 대해, 예를 들어 R 등급이라면 연령 제한이 몇 세까지인지 확인한 다음에 적절한 결정을 내릴 수 있게 됩니다.

저는 소셜 미디어업계에서도 이와 같은 협력 방식을 시도해볼 만하다고 생각합니다. 실제로 페이스북 감독위원회가 유사한 시도를 한 바 있지만, 이는 오직 '페이스북'에만 해당하는 것이었죠.◇ 제가 방금 말씀드린 영화협회 Motion Picture Association 사례에서 중요한 점은 대부분의 영화 제작사가 이 방식에 참여하고 있으며,

---

◇ 2020년에 발족한 페이스북 감독위원회는 스탠퍼드와 컬럼비아 등 미국 내 유수 대학의 법학 교수진과 여러 국가의 헌법 및 인권 전문가 20명으로 구성되어 있다. 감독위원회는 모든 사안을 다루지는 않고, 정치적으로 큰 논란이 일어나거나 페이스북의 결정을 번복할 가능성이 있는 까다로운 사안을 다루며 흔히 '페이스북 대법원'이라 불리기도 한다.

그들이 자발적으로 콘텐츠를 제출해 등급을 받는다는 것입니다. 영화협회의 방식이야말로 소비자 개인의 대처보다 더 광범위하게 움직이면서도, 정부의 법적 규제보다 더 유연하게 대응하도록 돕는 좋은 사례라고 봅니다. 제가 강조하고 싶은 이야기는 단순히 '개인 사용자의 결정' 혹은 '정부의 규제' 중 하나만 선택하도록 내버려두지 말자는 것입니다. 그 사이에 수많은 선택지가 있으니까요.

● 윤 그렇군요. 영화협회 사례를 통해 여러 영감을 받게 되네요. 개별 소비자의 대응은 미약하거나 일방적인 형태로 파편화되어 있고, 그렇다고 곧장 법이나 정책 설정으로 넘어가기엔 AI를 둘러싼 이해관계가 너무 복잡하다 보니 정부가 어떤 결정도 쉽게 내릴 수 없으니까요. 그 중간에 존재하는 다양한 가능성을 탐색하는 과정이 중요하다는 생각이 듭니다. 개개인의 입장을 연결하는 과정을 통해 서로의 정보를 교류하는 것도 충분히 유익이 될 것이고, 윤리적 관점에서 부딪히는 쟁점을 드러내놓고 토론함으로써 모든 참여자가 자발적으로 동의하고 실천할 수 있는 공동의 방안에 도달해 가는 과정 자체가 하나의 교육적 장치로 작동할 수 있을 듯싶습니다.

◆ **라이히** 네, 그렇습니다. 더불어 또 하나 말씀드리고 싶은 것이 있습니다. 제가 현재 대학교에 재직하면서 가장 좋은 것 중 하나는 바로 열아홉, 스물, 스물한 살 정도의 젊은이들을 가르친다는 사실입니다. 이들은 향후 10년 안에 지도력과 책임감이 필요한 자리에 앉게 되겠죠. 새로운 AI 시대를 위한 프레임워크와 '인간 중심 AI'라는 초점을 기반으로 차세대 리더를 양성하는 것은 대학만이 이끌어낼 수 있는 중요한 변화이자, 장기적인 목표입니다.

사실 기업이 20년 후 미래를 고려하면서 인재를 육성한다는 것은 정말 어려운 일입니다. 다음 달 분기별 수익 보고서를 위해 달성해야 하는 목표가 있기 때문이죠. 하지만 다행스럽게도 스탠퍼드 대학에는 분기별 수익 보고서도 없고 공개적으로 거래되는 주식도 없습니다. 그래서 실제로 우리는 '앞으로 10년 동안 사람들을 어떻게 교육시켜야 30년 후 세상을 더 긍정적으로 변화시킬 수 있을까?' 고심하면서 방안을 마련할 수 있는 것입니다.

앞으로 10년 동안 사람들을

어떻게 교육시켜야

30년 후 세상을 더 긍정적으로

변화시킬 수 있을까?

● **윤** 맞습니다, 박사님. AI 시대의 윤리적 관점을 위한 교육을 논할 때 절대 빼놓을 수 없는 중요한 부분이 바로 긴 호흡으로 미래의 변화를 선도하는 대학의 역할이겠죠. 자연스럽게 박사님께서 지금 스탠퍼드에서 진행하고 계신 윤리 교육과정을 살펴보는 것으로 대화 주제를 옮겨 가보겠습니다. 그 새로운 교육 커리큘럼을 소개해주실 수 있을까요? 실제 대학 수업 과정에 현실적으로 윤리학이 어떻게 적용되고 있는지, 이 커리큘럼의 결과로 목격하고 계신 초기 성공 사례가 있다면 어떤 것인지 궁금합니다.

◆ **라이히** 네, HAI는 윤송이 님과 같은 분들의 지원에 힘입어 '인간 중심 AI'를 기반으로 한 다각도의 작업을 진행해오고 있습니다. 저는 그중에서도 상호 보완적인 두 가지 활동에 특히 큰 흥미를 갖고 참여하고 있습니다. 첫 번째는 저희가 '임베디드 에틱스Embedded EthiCS'라고 부르는 것입니다. 철학 혹은 윤리학 교육을 받은 사람, 또는 정치학과나 철학과 출신 사람을 컴퓨터 공학 교수진과 짝을 지어줍니다. 철학 교육을 받아본 적 없는 컴퓨터 공학 교수에게 탄탄한 윤리학 콘텐츠를 수업 내용에 포함시켜야 한다고 일방적으로 요구하는 것이 아니라,

그런 철학 교육을 받은 사람과 협력해 커리큘럼을 개발할 수 있도록 하는 것입니다. 이러한 과정을 통해 저희는 핵심 강의의 모듈을 개발하고 있습니다. 스탠퍼드에서 컴퓨터 공학을 전공하는 학생들이 AI뿐 아니라 더 폭넓게는 컴퓨터 공학 분야에서의 윤리적 프레임워크 및 관련 질문을 접할 수 있도록 말이죠. 즉 알고리즘 모델의 기초를 배우는 학생이라면 알고리즘의 편향성과 공정성에 대한 질문도 직면해야 합니다. 이때 "당신이 윤리학에 관심이 있다면 철학과에 가서 관련 수업을 들으세요"라고 말하는 것이 아니라, 컴퓨터 공학과의 주요 수업 내용에 윤리학 콘텐츠가 포함되게 하는 것입니다.

그리고 두 번째는 제가 개인적으로 참여하고 있는 대규모의 입문 과정 수업입니다. 저와 같은 정치학자, 그리고 철학자뿐 아니라 공공 정책 개발 경험이 있는 사회과학자와 컴퓨터 공학 교수가 함께 참여하고 있습니다. 사실 저희 캠퍼스에서 가장 인기 있는 교수는 지난 10년간 컴퓨터 공학 입문 강의를 담당해온 메흐란 사하미Mehran Sahami 교수입니다. 그는 매우 훌륭한 선생님이거든요. 또 메흐란 사하미 교수의 컴퓨터 공학 입문 강의는 스탠퍼드에서는 유일하게 한 과정 내에서 공학적 과제와 관련 정책, 그리고 철학을 모두 다루는 수업이기도 합니다. 그래서 저희는 이 수업을 최대한 많은 학생이 참석하는 과정으로 만들고 싶었고, 현재 300명 정도가 수강할 수 있습니다. 물론 컴퓨터 공학 전공 대학원생은 철학 논문 채점 방법을 모르고, 철학 전공 대학원생은 공학 과제를 어떻게 채점하는지 모르기 때문에 이 수업의 조교들이 고생을 많이 하긴 합니다만, 그렇게 저희는 지금까지 3년째 이 임무를 수행해오고 있습니다. 맞춤형 사례 연구 수업도 있고, 기술 분야에서 일하는 직장인을 위한 야간 수업도 진행하고 있고요.

저희가 이 경험을 바탕으로 스탠퍼드 내 다른 전공 분야와도 협동 수업 과정을 더 개설한다면, 나아가 다른 대학과도 이러한 협업 과정을 반복한다면, 교수든 학생이든 관계없이 모두가 현대의 첨단 기술 혁신이 야기하는 윤리적, 사회적 차원의 문제에 책임 있게 대응할 수 있으리라 기대합니다. 이는 세상을 더 나은 방향으로 이끄는 데 크게 공헌할 것이라고 생각해요.

● **윤** 멋지고 의미 있는 일이네요. 스탠퍼드가 젊은 학생들에게 이러한 교육 경험을 제공하는 것은 사회적으로 정말 훌륭한 기여라고 생각합니다. 또 그 교육과정과 자료를 웹상에 공개해 더 많은 사람이 이용할 수 있도록 하셨다고 들었습니다.

◆ **라이히** 네, 모든 자료는 일정한 조건하에 자유로운 이용이 가능합니다. 스탠퍼드의 저희 수업 웹페이지[3]에서 모두 확인하실 수 있습니다. 저작권으로 보호되는 몇몇 자료를 제외하고는, 임베디드 에틱스에서 개발하고 있는 핵심 강의 모듈 및 유사한 사례 연구와 관련 자료를 모두 다운로드할 수 있습니다. 다른 대학이나 기업에서도 자유롭게 활용하기를 바랍니다. 이 자료들은 우리 모두를 위해 개발한 것이니까요.

윤리 교육을 어떻게 세상에 적용할 수 있을까

● **윤** 현시대가 요구하는 연구를 진행하고, 그 결과를 세상과 나눌 수 있다는 것은 학자이자 교육자로서 큰 기쁨이 될 것 같다는 생각이 드네요. 저 또한 말씀하신 자료를 기업 안에서 함께 나눌 수 있어 기쁘고 감사한 마음입니다.

이제 저희 대화의 마지막 주제로 넘어가면서 다소 현실적인 질문을 드리겠습니다. 사실 우리가 학교에서 배운 모든 것을 실제 삶에서 반드시 행동으로 옮기는 것은 아니잖아요. 박사님께서 말씀하신 수업 참여를 통해 학생들은 기술을 대할 때 윤리적 관점을 잡는 데 도움이 될 만한 좋은 학습 경험을 하겠지만, 그들이 사회에 진출한 후 그 경험이 실제 행동으로 얼마나 드러나게 될까요? 수업에 참여한 학생들이 자신이 배운 것을 사회 전반에 걸쳐 어떻게 실천해나갈 것이라고 기대하는지 궁금합니다.

◆ **라이히** 매우 좋은 질문입니다. 지금 말씀드리는 내용은 제가 강의를 시작할 때마다 학생들에게 이야기하는 것이기도 합니다. 때때로 철학자가 등장하면 사람들은 어깨를 으쓱하거나, '우리에게 똑바로 살라고 말하는 윤리 전문가가 오시네'라고 생각하곤 합니다. 그다지 환영받는다고는 볼 수 없죠. 하지만 저는 사람들이 윤리학에는 적어도 세 단계의 사고방식이 있다는 것을 꾸준히 상기하도록 돕고 싶습니다.

첫 번째 단계는 '개인의 윤리'인데, 제가 크게 흥미를 느끼는 단계는 아닙니다. 물론 지금보다 더 많은 사람이 윤리적으로 올바르게 행동한다면 세상은 더 좋아질 것입니다. 그렇다면 우리는 모든 사람이 도덕적으로 성자聖子이거나 완벽하게 행동하기를 바라야 할까요? 절대 아니죠. 그건 불가능한 일이니까요. 인간은 불완전합니다. 그 누구도 완벽한 성인군자가 될 수 없으며, 우리는 각자가 지닌 다양한 결함 때문에 고통을 겪습니다. 따라서 우리의 목표가 미래의 악행을 예방하기 위한 백신으로서 윤리학이라면 그것은 적절하지 않습니다. 미래에 나쁜 일을 하는 것을 막아주는 윤리학 주사 같은 것은 없기 때문이죠.
저에게 좀 더 흥미로운 것은 두 번째와 세 번째 단계의 윤리학입니다. 먼저 두 번째는 '직업 윤리'입니다. 직업 환경에서 사람들을 하나로 묶어주는 규범과 구조는 무엇일까요? 고전적인 예로 히포크라테스 선서를 한 의사나 의료계 종사자가 있겠죠. "해를 끼치지 마라Do no harm"라는 것과 진료를 위한 일련의 규범이 있어요. 마찬가지로 우리도 AI 과학자와 전문가를 위해 좀 더 광범위하고 전문적인 규범을 개발할 수 있다고 생각합니다. 이는 아주 훌륭한 공헌이 될 것입니다.
그리고 마지막 세 번째 단계는 '정치 윤리와 사회 윤리'입니다. 우리의 행동을 형성하는 제도에 대해 어떻게 생각해야 할까요? 어떻게 하면 더 나은 제도를 설계할 수 있을까요? 인간이 무엇을 하든 더 나은 방향으로 나아갈 수 있도록 말입니다. 다시 말씀드리지만, 윤리 전문가가 "더 나은 사람이 되는 방법을 알려주기 위해 여기 왔다"고 말하면, 사람들은 항상 얼굴을 찌푸립니다. 우리는 거짓말이나 사기, 도둑질을 해서는 안 된다는 것을 잘 알고 있습니다. 경기에서 우승하기 위해 금지 약물을 투약한 '투르 드 프랑스' 우승자인 올림픽 사이클 선수 랜스 암스트롱처럼 되어서는 안 된다는 것, 기술의 힘으로 소비자를 속인 기업 '테라노스'를 설립한 스탠퍼드 중퇴자 엘리자베스 홈스처럼 되어서는 안 된다는 것을 알아요. 우리는 "거짓말을 하거나, 사기를 치거나, 물건을 훔치지 마세요" 같은 이야기를 하려고 윤리학 수업을 개설하는 것이 아닙니다. 이런 것들을 스탠퍼드에 오기 전까지 배우지 않았다면 이미 너무 늦은 거죠. 우리에게 필요한 것은 제도적 차원에서의 윤리적 대응을 논하는 수업, 민주 시민으로서의 책임감을 갖춘 사람이라면 삶에서 종종 마주하게 되는 다양한 가치 충돌 상황에 맞서도록 배우는 것입니다.

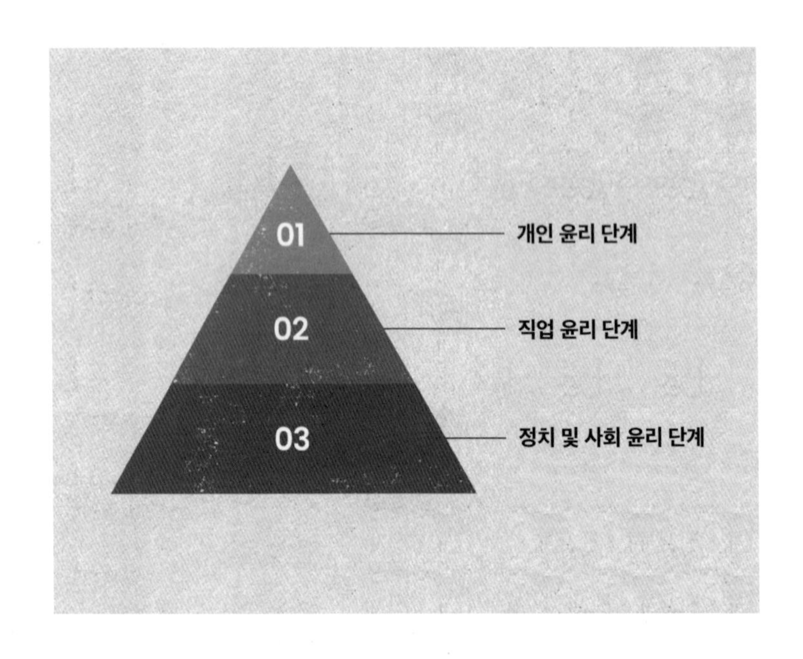

● **윤** 굉장히 중요한 부분이네요. 말씀하신 것처럼 윤리 교육이란 '나쁜 일을 하면 안 된다'는 수준의 고루하고 원론적인 가르침일 것이라는 오해가 흔하니까요. AI 기술의 빠른 발전은 그동안 세상에 존재하지 않았던 변화를 끊임없이, 광범위하게 일으키고 있기 때문에 매우 다양한 차원에서의 가치 충돌을 피할 수 없게 되었습니다. 어제 옳다고 믿었던 가치가 오늘 달라질 수 있고, 환경의 차이와 문화적 이질성이 혼재된 가운데 진정으로 올바른 것이 무엇인지 계속 질문하고 가려나가야 하죠. AI 시대에는 대학에서뿐 아니라 일상에서 윤리적 시선을 바탕으로 사건을 고찰하고 선택의 결과를 통해 학습해나가는 윤리 교육이 필수라는 것을 다시금 되새겨봅니다.

이와 관련해 질문을 드리자면, 앞서 말씀해주신 윤리학의 세 가지 단계에서 세 번째인 정치 윤리에 해당하는 부분이 될 것 같습니다. 사회적 측면에서는 정부의 정책이야말로 가장 핵심이 되는 부분일 것입니다. 그렇다면 정부가 AI 기술 혁신을 촉진하면서도 윤리적으로 책임감 있는 개발을 보장하기 위해 어떤 정책 유형을 채택해야 한다고 보시나요?

◆ **라이히** 이 부분은 제 전문 분야가 아니기도 하고, 이에 대한 연구를 완벽하게 끝낸 것은 아니기 때문에 이번 답변은

잠정적이라는 점을 먼저 말씀드릴게요. 일반적인 형태와 특수한 형태, 두 가지로 나눠서 말씀드리고 싶습니다. 일반적인 이야기부터 하자면, 과학적 발견이나 기술 혁신이 정부가 그에 맞는 규제를 하거나 개발하는 능력보다 앞서나가는 일은 흔히 발생한다는 것입니다. 핵에너지나 생명 의학 연구 또는 산업혁명 초기에 나타났던 형태죠. 따라서 공공 정책을 수립하는 리더의 지식 수준이 과학기술의 혁신을 이끄는 대학이나 산업 분야 사람들의 지식 수준과 같지 않다는 점은 걱정할 일이 아닙니다. 우리는 그저 전통적인 길을 따르고 있는 것뿐이니까요. 게다가 시대도, 공간도 모두 발전하고 있기 때문에 저는 그 부분에 대해서는 크게 걱정하지 않습니다.

그럼에도 정부가 특수한 형태로 현명한 규제를 도입하는 경우가 있습니다. 예를 들어 대만과 영국에서 시도되었던 '규제 샌드박스'라는 것이 있습니다. 기업이 새로운 기술이나 적용 방식을 개발한 뒤 정부나 공공 정책 규제 기관에 먼저 찾아가서 이렇게 말하는 거죠. "우리가 만든 새로운 '이것'을 시장에 출시하고 싶은데, 이것이 어떤 효과를 불러올지 확신할 수 없습니다. 그래서 기본적인 수준의 규제를 먼저 제안하고자 합니다." 그러면 정부는 이렇게 답합니다. "그렇다면 우선 당신들이 제안한 형태의 규제를 적용한 상태로 출시해

2~3년 정도 시도해보도록 합시다. 그리고 혁신가로서 초기 지분을 확보한 후, 2~3년 후에 어떤 효과가 나타났는지 확인해주십시오." 그러고 나면 몇 년 후 공공 정책에 관여하는 사람들이 나서서 기업이 초기에 제안했던 기본 규제가 실제로 어떻게 작용했는지 평가하고, 이후에 조정 과정을 거칩니다. 이것은 최종적인 것이 아니라 일시적인 규제 환경을 조성하는 것이죠. 이런 단계를 거치면서 공공 정책 접근 방식을 통해 사회적으로 좀 더 널리 정보를 제공할 수 있게 됩니다. 기업이 일단 자신들이 원하는 방식대로 하다가 나중에 규제 기관이 제동을 걸 때까지 기다리는 것과는 다른 방식입니다. 그래서 저는 이와 같은 '규제 샌드박스'가 다른 나라의 여타 분야에서는 어떻게 활용되고 있는지 자세히 연구해보려고 합니다.

● **윤** 제가 몸담고 있는 게임 산업과 비슷한 것 같아서 매우 흥미롭네요. 게임 산업은 콘텐츠 특성상 정책 입안자가 철저히 심사숙고하지 못하는 경우가 많기 때문에 자체적으로 규제를 제공하는 업계로 유명합니다. 미국의 경우만 해도 미국 오락 소프트웨어 등급위원회ESRB에서 게임 등급을 분류해 정보를 제공하는 방식으로 움직이고 있어요. 유럽도 민간 기관인 범유럽게임정보PEGI의 게임 등급 분류 기준을 활용하고 있고, 일본도

업체들의 자발적 규제가 활성화되어 있습니다. 게임업계에 속한 기업들은 이와 같이 자율 규제 산업이라는 사실에 상당한 자부심을 갖고 있는데, 이와 같은 접근 방식과 정신은 박사님께서 방금 설명하신 것과 맥락을 같이하는 것 같습니다.

어느덧 박사님께 마지막 질문을 드려야 할 시간이 되었네요. 박사님께서는 AI에 대해 낙관적인 태도를 보여주고 있습니다. AI가 포용성, 다양성, 형평성 등 여러 분야에 걸쳐 발생하는 다양한 사회문제를 해결하는 데 필요한 기술이자 도구라고 여기는 HAI의 입장과 결을 같이하는 것이기도 하고요. 박사님께서 AI를 인류가 더 나은 방향으로 나아가는 데 도움을 줄 수 있는 도구라고 특별히 기대하시는 이유는 무엇인가요?

◆ **라이히** 이에 대한 대답은 인간과 마찬가지로 AI도 일정한 발달 주기를 통해 성장하는 것으로 비유해볼 수 있을 것 같습니다. 지금은 AI의 10대 시절이라고 볼 수 있어요. AI 분야는 엄청난 힘을 지니고 있고, 통제하기 힘든 10대처럼 더 이상 부모의 말을 듣지 않으면서 새로운 힘을 독립적으로 행사하는 것처럼 보이죠. 같은 비유로 이어가자면, 이제 우리가 마주할 AI 성장의 다음 단계는 성인 초기가 될 것입니다. 성인 초기에 접어들면 대부분의 AI 도구는 차분하게, 더 많은 사람에게 도움이

되는 방식으로 사회적 관계에 참여하게 되겠죠. 물론 이것은 AI에 대해 제가 생각하는 비유일 뿐이지만요. 하지만 앞에서 언급했듯 저는 테크노 유토피아처럼 AI 과학자들이 완벽한 세상을 만들 것이라고 기대하지는 않습니다. 테크노 디스토피아처럼 AI 과학자들이 우리가 소중히 여기는 모든 것을 파괴하는 미래도 오지 않길 바라고요. 그 두 가지 극단 사이 어딘가에 일반적인 수준의 중간 지대가 있을 거예요. 그리고 우리 모두의 역할은 AI 과학이 부정적인 결과만을 초래하는 미래가 아니라 인간을 지원하고 더 생산적인 미래로 움직여나가도록 이끄는 것입니다. 저는 우리가 '지금 이 순간'에 도달했다고 생각해요. 바로 그 순간을 명확하게 바라보고, 더 나은 미래를 위해 지금 세대의 일에 참여하는 것이 우리의 과제라고 생각합니다.

● **윤** 지금 이 순간, 정말 그렇네요. 미래를 위한 중요한 선택을 손에 쥔 바로 오늘이 AI와 더불어 살아가는 중요한 역사적 순간임을 상기해봅니다.

◆ **라이히** 앞으로 언젠가 직접 만나서 이런 이야기를 할 수 있길 바랍니다. 정말 멋질 것 같아요. 또 윤송이 님이 계신 세계의 사람들을 만나서 대화도 더 나눠보고 싶고요. 나중에 윤송이 님뿐 아니라 어떤 분이든 제가 있는 캠

저는 우리가 '지금 이 순간'에
도달했다고 생각해요.
바로 그 순간을 명확하게 바라보고,
더 나은 미래를 위해
지금 세대의 일에 참여하는 것이
우리의 과제라고 생각합니다.

퍼스로 오신다면 환영할 준비가 되어 있습니다.

● **윤** 오늘 이렇게 시간을 내 함께하고 박사님의 시선을 공유해주셔서 감사합니다. 앞으로도 환영해주신다니 그 마음에도 정말 감사드리고요. 다음에 또 함께 나눌 이야기들을 기대하며 기쁘게 기다리겠습니다.

인간의 '생각하는 힘'이 없다면
세상은 어떻게 변할까

3장

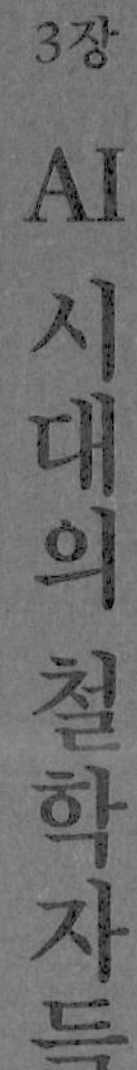

AI [철학] Framework × 앨리슨 시먼스

[답이 없는 문제를 풀어야만 그다음이 있습니다]

앨리슨 시먼스 Dr. Alison Simmons

미국의 철학자로 하버드 대학에서 철학을 가르치고 있다. 시대의 변화에 따른 철학과 인간 심리에 관심이 많아 이를 이용한 다양한 분야에서 활동 중이다. 컴퓨터 과학 커리큘럼의 윤리적인 모듈을 개발하는 프로그램인 하버드 임베디드 에틱스의 공동 설립자로 다양한 프로그램을 활발하게 운영 중이며, 하버드 대학의 과학사 학부 겸임 교수로도 활동하고 있다. 주요 연구 분야는 근대철학과 정신철학으로 데카르트 연구에 중점을 두고 있다. 관련 논문으로는 〈데카르트적 관점의 의식 개념 재고찰 Cartesian Consciousness Reconsidered〉(2012), 〈심신 연합과 데카르트적 형이상학의 한계 Mind-Body Union and the Limits of Cartesian Metaphysics〉(2017), 〈데카르트의 인과 및 인지 개념 Causation and Cognition in Descartes〉(2020) 등 다수가 있다.

현존하는 유일한 인류,
호모사피엔스를 넘어

전 세계의 경제 산업 분야에서는 현존하는 유일한 인류인 호모사피엔스를 넘어 AI를 기반으로 한 '로보사피엔스Robo Sapiens'가 등장할 것이라고 전망하고 있습니다. 호모사피엔스와 로보사피엔스의 공존이 더 이상 공상과학 영화 속 이야기가 아닌 것이죠. AI 로봇과 함께 살아간다는 것은 흔히 상상해온 미래 사회의 모습을 완성하는 듯 편리함을 더해줄 가능성도 있지만, 상상 이상의 혼돈과 윤리적 문제를 야기할 수도 있습니다.

인간은 무엇이고 기계란 무엇인지, 무엇이 그 둘을 정의하고 구별하는 요소인지, 인간을 위한다는 것은 무엇인지, 감정은 무엇인지, 생명은 무엇인지 등 당연하게 받아들였던 수많은 개념과 전제가 흔들릴 것입니다.

또 이런 경우도 생각해볼 수 있습니다. 사람의 몸은 그대로인데 뇌 기능이 정지되어 AI 로봇에 장착하는 인공 뇌를 이식한 경우, 반대로 몸은 전부 기계인데 사람의 뇌를 이식한 경우, 둘 중 어느 쪽을 사람이라고 봐야 할까요? 아니면 그 어느 쪽도 사람이 아닐까요? 단번에 쉽게 답을 내릴 수 없는 심오한 질문, 즉 존재, 인간, 책임, 정의, 삶과 죽음 등과 같이 아주 근원적인 것에 대한 질문입니다.
하지만 이러한 질문이 AI 시대에 새롭게 등장하게 된 것은 아닙니다. 사실 인류의 문명이 시작되었을 때부터 꾸준히 탐구해온 철학적 주제죠. 기존 사회의 모습을 혁신적으로 변화시키는 첨단 기술의 시대, 그 변화로 우리가 지녀온 생각의 틀이 지각변동을 일으키는 지금이야말로 더 깊이 있는 철학적 사유와 윤리적 논의가 필수적으로 요구되는 시점입니다.
이번 대화는 컴퓨터 과학과 AI의 발전이 가속화되는 흐름에서 놓치지 말아야 할 철학적 탐구를 전파하는 하버드 대학의 앨리슨 시먼스 교수님과 함께합니다. 교수님은 하버드 대학의 오랜 인문 철학 전통을 기반으로, 컴퓨터 과학 전공 수업에 철학적이고 윤리적인 질문을 촘촘히 엮어 넣는 모듈 형태의 융합 과정 '임베디드 에틱스' 프로그램을 탄생시켰습니다. 교수님과 함께 컴퓨터 과학 윤리 교육의 시초라고 할 수 있는 임베디드 에틱스의 시작과 진화 과정을 먼저 짚어보고, 이어서 인간의 개념, 인간과 기계의 관계 등 AI 시대에 중요하게 다루어야 할 핵심 주제를 훑어보면서 우리가 앞으로 고민해나가야 할 수많은 질문에 현명하게 답하는 데 필요한 철학의 힘에 대해 이야기 나누겠습니다.

하버드의 도전, 임베디드 에틱스

윤송이_● 윤　　앨리슨 시먼스_◆ 시먼스

● 윤　앨리슨 시먼스 교수님, 정말 반갑습니다. 현재 주목해야 할 중요한 흐름이자, 컴퓨터 과학과 AI 분야에서는 필수 불가결한 요소라고 할 수 있는 다학제적 노력을 선도하고 계십니다. 교수님께서 철학자이자 대학교수로서 축적해온 30여 년의 통찰을 접하는 것도 정말 큰 기쁨이지만, 제가 깊은 관심을 갖고 있던 하버드 대학의 임베디드 에틱스 프로그램에 대해 설립자이자 책임자로 계신 박사님과 직접 이야기 나눌 수 있어 무척 기대가 됩니다. 오늘 시간 내서 자리해주셔서 진심으로 감사드립니다.

교수님과 함께 나눌 대화 주제가 무궁무진하지만, 일

단 하버드 임베디드 에틱스에 대한 이야기로 시작해볼까 합니다. AI 분야에서는 너무나 중요한 분인 바버라 J. 그로스◇ 교수님과 함께 이 프로그램을 처음 만든 것이 교수님이죠. 하버드 임베디드 에틱스는 개설한 이후 매 학기 수준 높은 교육이 이뤄지고 있는 것으로 유명합니다. 이 프로그램이 어떻게 시작되었고 어떻게 성장하고 있는지, 그 과정에서 겪은 시행착오는 무엇이며 오늘날 어떤 성과를 내고 있는지 들어보고 싶습니다.

◆ **시먼스** 이렇게 함께 이야기 나눌 수 있는 자리에 초대해주셔서 감사합니다. 임베디드 에틱스의 유래라…. 이 프로그램의 시작에 대해 이야기하려면 2016년 가을로 거슬러 올라가야겠네요. 방금 말씀하셨듯 제 동료인 바버라 J. 그로스 컴퓨터 과학과 교수님이 그 학기에 '지능형 시스템: 설계 및 윤리적 문제'라는 강의를 하게 되었어요. 총 144명의 학생이 이 수업 수강을 신청했지만, 세미나 형식의 소규모 수업이었기 때문에 그로스 교수님은 24명만 등록시켰죠. 컴퓨터 과학, 철학, 정치

◇ 바버라 J. 그로스(Barbara J. Grosz, 1948~) 교수는 미국의 컴퓨터 과학자로, 최초의 컴퓨터 대화 시스템 개발을 통해 AI 분야 발전에 크게 기여했으며, 과학 분야에서 여성의 위상을 드높인 학자로도 유명하다.

학 등 다양한 분야에서 AI와 윤리학 모두에 관심이 있는 학생으로만 구성된 그룹이었습니다.

그러던 어느 화요일 수업 시간에 그로스 교수님과 학생들은 페이스북의 감정 전이 실험에 대해 이야기하게 되었습니다. 그리고 사용자 프로필에서 데이터를 수집할 때 일반적으로 무슨 일이 벌어지는지에 대해서도 이야기했죠. 학생들은 사용자 프로필 데이터를 이용하는 방식에 매우 화가 났고, 윤리적 문제에 대해서도 대화를 나눴습니다.

이어서 그 주 목요일에는 그로스 교수님이 학생들에게 과제 하나를 내줬어요. "여러분이 소셜 미디어 플랫폼 회사에서 일하고 있고, 피트니스 프로그램을 다루는 새 고객이 있다고 합시다. 페이스북 같은 소셜 미디어 플랫폼에 대한 지식을 바탕으로, 광고를 할 대상을 결정하는 알고리즘에 사용할 사용자 프로필의 다섯 가지 특징을 작성해보세요." 학생들은 항상 그렇듯 열정적으로 과제를 해냈습니다. 마지막에 그로스 교수님은 물었죠. "여러분 중 자신이 한 일의 윤리적 의미에 대해 생각해본 사람은 몇 명인가요?"

결과는 0명이었어요. 그로스 교수님은 충격에 빠졌죠. 그 그룹은 기대가 컸던 그룹이었거든요. 그래서 교수님께서 저에게 연락을 해오셨죠. 그리고 이렇게 말씀하시더군요. "앨리슨, 내가 학생들을 페이스북과 구글

“여러분 중 자신이 한 일의

윤리적 의미에 대해

생각해 본 사람은 몇 명인가요?”

결과는 0명이었어요.

에 보내고 있는데, 정작 학생들은 자기가 하는 일의 윤리적 의미에 대해 생각하는 방법을 몰라. 우리는 이 문제를 해결해야 해."

그로스 교수님께서는 본인이 3년 후 은퇴하기 전에 이걸 해결해야 한다고 했죠. 저는 새로운 도전을 좋아하기도 하고, 이 문제가 중요하다는 생각이 들었어요. 그리고 그로스 교수님은 제가 좋아하는 분이고요. 그래서 저희는 함께 일을 시작하게 되었습니다. 일단 저희가 하고 싶지 않은 것들에 대해서 매우 빠르게 결정을 내렸어요. 저희는 그저 컴퓨터 과학 분야만을 위한 또 하나의 윤리학을 만들고 싶지는 않았습니다.

물론 그런 수업에도 나름의 목적이 있겠죠. 하지만 그렇게 하면 그로스 교수님의 수업에서 발생한 것과 같은 현상만 더 늘어날까 싶어 걱정이 되었습니다. 학생들이 본인이 하는 컴퓨터 과학 관련 일과 윤리적 추론을 구분해서 생각하는 것 말이에요. 저희는 어떻게 해야 학생들이 컴퓨터 과학자가 하는 일의 일부로 윤리적 추론을 포함시켜 생각하게 할 수 있을지에 대해 방법을 찾고 싶었어요.

그러다가 '임베디드 모듈의 피자pizza of embedded modules'에 대한 아이디어를 떠올리게 되었죠. 기존 수업에 모듈을 끼워 넣고 콘텐츠를 연관 짓는 겁니다. 그래서 학생들이 어떤 컴퓨터 과학 전공 수업을 듣든 자신들이 공부하는 내용 중 관련 이슈가 어떻게 발생하는지 알려주고 직접 경험하게 한다면, 그것이 답이 될 수 있겠다고 생각했어요.
하지만 넘어야 할 산이 있었습니다. 컴퓨터 과학과 교수님들 수업의 절반 이상을 저희가 차지할 수는 없었으니까요. 저희는 한두 번 정도만 들어가 수업할 수 있었어요. 그때 저희는 분산 모델distributed model에 대해 생각하게 되었습니다. 저희가 최대한 많은 수업을 하기 위해 이런 프로그램을 만든다면 학생들도 자연스럽게 윤리적 추론을 반복하게 될 것이고, 윤리적 문제를 생각하는 습관을 기를 수 있을 것이라고 생각했죠. 그러면서 학생들은 이러한 문제가 AI나 머신러닝 관련 영역뿐 아니라 하드웨어를 포함한 모든 분야에서 발생한다는 것을 보게 될 것입니다. 이야기가 이렇게 된 것이에요.

● **윤** 그렇군요. 자세하게 말씀해주셔서 감사합니다. 하버드 임베디드 에틱스 프로그램은 시대적 과제에 마음을 모은 교수님 두 분의 만남과 협력이 낳은 놀라운 성과라는 것을 다시금 느끼게 되네요. 사실 2016년 무렵 그로스 교수님이 마주한 그 상황은 당시 대학의 컴퓨터 과학 전공 수업에서 흔히 발생할 수 있는 상황이 아니었을까 싶은데요. 컴퓨터 과학이 시작된 시점부터 상당

기간은 일단 수많은 기술을 새롭게 발견하고 조합하는 것 자체가 처음이었고 시도해야 할 도전이었으니까요. 사회적으로 미치는 영향이나 윤리적 이슈를 미처 돌아볼 새 없이 기술 발전이 빠르게 이뤄져오는 가운데, 더 이상 간과할 수 없는 중요한 시점에서 AI 분야가 우리가 주목해야 할 문제를 제기하는 듯합니다.

말하자면 그동안은 첨단 기술 개발 과정에서 사회적, 윤리적 이슈에 대한 질문을 던질 기회나 경험 자체가 학생들에게는 물론 현장의 과학자들에게도 충분히 허락되지 않았던 것이겠죠. 하버드 임베디드 에틱스는 바로 그 부분의 전환을 이뤄내고 있는 것이고요. 학생들이 '분리된' 윤리학을 배우는 것이 아니라, 컴퓨터 과학 전공자가 익혀야 할 역량의 일부로 윤리적 추론을 자연스럽게 받아들이도록 교육한다는 것이 매우 인상적이고 중요한 포인트라는 생각이 듭니다. 시스템에 포함되어 있다는 뜻의 '임베디드'의 의미를 활용한 것이기도 하고요. 이 단어가 컴퓨터 과학 전공자들에게는 익숙한 용어인 만큼, 자연스럽게 접근하고 익숙해지는 데도 도움이 되었을 듯싶습니다. 실제 수업에 임베디드 에틱스 프로그램을 적용한 이후의 일도 궁금한데, 좀 더 이야기해주실 수 있을까요?

◆ **시먼스** 임베디드 에틱스 프로그램을 실제로 시작한 것은 2017년 봄 학기였습니다. 이 프로그램에 관심을 갖고 계실 만한 네 분의 컴퓨터 과학과 교수님과 함께 일하는 MIT 대학원생들에게 협조를 요청했습니다. 그렇게 해서 저희는 4개의 모듈과 4개의 컴퓨터 과학 전공 강좌를 개설했어요. 이후 지금까지 저희는 많이 성장했습니다. 총 84개의 모듈 개발과 37회의 컴퓨터 과학 전공 수업을 마쳤고요. 이제 그 수요는 저희가 감당할 수 있는 수준을 넘어섰다고 봅니다. 실제로 사람들을 다 받지 못하고 돌려보내기도 했으니까요.

여기까지가 하버드에서 이뤄진 성장입니다. 그리고 윤송이 님 같은 분들 덕분에 하버드 밖에서도 발전하고 있어요. 다른 학교에서도 저희를 모델로 삼고 있거든요. MIT는 물론이고, 스탠퍼드, 네브래스카, 테크니온, 토론토 등에서요. 그래서 저희는 대학마다 적합한 모델을 개발하는 것을 도울 방법도 고민 중입니다. 학교마다 상황이 달라요. 학교마다 DNA가 다르고, 보유한 자원이나 해결해야 할 문제도 다 다를 테니까요.

현재 저희가 해결해야 할 과제 중 하나는 각 대학이 하버드와는 다른, 그 대학만의 고유한 임베디드 에틱스 버전을 개발하는 데 도움을 주는 방법을 찾는 것입니다. 그것은 그 학교만의 프로그램이고, 다른 곳에서와는 다르게 작동할 것입니다. 예를 들어 철학자가 없는 학교의 경우 어떻게 이 프로그램을 운영할 수 있을까요? 이런 것들이 저희가 발견한 또 하나의 도전 과제입니다.

● **윤** 몇 년 되지 않았는데도 정말 놀라운 성장을 이루었네요. 그만큼 현시대에 필요한 과정이라는 뜻이겠죠. 하버드에서 기울인 선구적 노력을 기반으로 다른 대학들도 동반 성장할 수 있도록 협력하는 것은 미래 세대를 키워내는 데 무척 의미 있는 일이라고 생각합니다. 저 또한 제가 일하는 영역에서 학계와 더불어 나아가는 것에 많은 관심을 갖고 있어요. 앞으로도 계속 가능한 방식을 찾아 움직이려고 합니다. 오늘 교수님과 나눈 대화 또한 그 일환으로 많은 도움을 받을 수 있을 것 같습니다.

“

기술이란

특정 전문 분야에만 속한 것이 아니라

우리 삶의 일부입니다.

우리가 하는 모든 것에 개입되어 있어요.

AI 시대의 철학자들

윤송이_● **윤**　　앨리슨 시먼스_◆ **시먼스**

● **윤**　그럼 이제 대화의 두 번째 주제로, 하버드 임베디드 에틱스 프로그램을 처음 시작하고 지금까지 운영하면서 철학자로서 교수님의 경험과 통찰에 대한 이야기를 나누고 싶습니다.
교수님과 그로스 교수님은 임베디드 에틱스 일을 함께 하기 전에도 이미 좋은 관계를 맺고 계셨던 것 같아요. 그렇지만 다른 컴퓨터 과학자들과 함께 일하는 것은 어떠신가요? 철학자로서 특별히 어려운 점은 없었나요? 가끔 교수님만 다른 언어로 말하는 것 같다거나 다른 행성에 사는 것 같다고 생각하신 적이 있는지 궁금합니다.

◆ **시먼스** 참 재미있는 것이, 이전까지 제가 알던 컴퓨터 과학자는 한 명뿐이었거든요. 그런데 다른 분들을 만나고 나서 저는 기쁘면서도 놀랐습니다. 예를 들어보면 우리는 모두 갖고 있는 능력과 이루고자 하는 바가 비슷했어요. 우리는 모두 문제 해결자이고, 명확한 주장을 선호합니다.

하지만 다른 점도 있어요. 컴퓨터 과학자들은 보통 확실한 답을 원하잖아요. 바로 이 부분이에요. 저희 철학자들은 확실한 답이 없는 것에 익숙하거든요. 이런 점이 어려운 부분이었어요. 그렇지만 대체로 컴퓨터 과학자들은 열려 있고 잘 받아들이는 편이에요. 임베디드 에틱스를 진행하면서 가끔 저희가 컴퓨터 과학 전공 교수님들이 이런 것들, 예를 들면 "자, 이런 규칙을 알고리즘에 프로그래밍합시다. 그러면 윤리적 시스템이 완성돼요" 하는 식으로 되지 않는다는 것을 받아들이도록 도와드리고 있거든요.

그리고 컴퓨터 과학자들의 장점은 호기심이 넘친다는 거예요. 또 하버드의 장점 중 하나는 저희가 엔지니어든 과학자든 간에 일단 인문 과학 기관의 구성원이 되기 위해 이곳에 모인다는 것이죠. 아마 여기가 순수 공학 기관이었다면 더 힘들었을 거라고 생각해요.

● **윤** 서로의 다른 점을 이해하면서 한마음으로 협력한다는 것이 정말 멋지네요. 하지만 분명 쉽지 않은 일이라는 생각이 듭니다. 제가 공학을 공부하던 시절을 생각해 보면, 저희 같은 컴퓨터 과학 전공자들은 항상 실질적인 기능을 최적화하도록 교육받았거든요. 반면 철학은 옳고 그름이 무엇인지, 삶과 죽음이 무엇인지 등 현실적으로 정의하기 어려운 내용이잖아요. 철학자가 가르치는 사고 과정과 틀을 코드화하는 것이 얼마나 힘든 과정일지 상상조차 하기 어려워요.

교수님께서 컴퓨터 과학자들과 함께 일하시면서 깨닫게 된 점이 있다면 어떤 것들인가요? 그들과 세상을 바라보는 관점이 다르다고 느끼신 것이 있을까요?

◆ **시먼스** 좋은 질문이네요. 한 가지 확실한 건 저희 같은 철학자들은 코드화에 대해 생각하는 것을 그다지 원치 않는다는 점이에요. 그래서 저희가 컴퓨터 과학자들과 함께 목표를 절충하는 방법이 있습니다. 컴퓨터 과학을 전공한 제 동료가 참 멋지게 표현했는데, 정확한 말은 생각이 잘 나지 않지만 아무튼 정말 중요한 것은 딱 두 가지라고 하더군요. 한 가지는 문제를 분명하게 표현하기 위한 개념적 자원을 확보하는 것, 그리고 또 한 가지는 그런 문제를 생각할 수 있도록 훈련된 또 다른 사람들이 존재한다는 걸 아는 것이에요.

그러니까 저희의 목표는 컴퓨터 과학자가 코드를 작성하는 동시에 관련된 모든 문제를 해결해야 한다고 느끼도록 하는 것이 아닙니다. 저희는 그들이 무작정 이건 내 문제가 아니라고 말하기보다는 '뭔가 좀 이상한데' 하는 직감을 가질 수 있기를 바라는 거예요. 무엇을 걱정하는지, 누가 걱정하게 될지 아니면 걱정하지 않을지에 대해 분명하게 표현할 수 있는 도구를 제공하는 것입니다. 그럼으로써 그들이 누군가에게 그 예감을 말할 수 있고, 그들이 고민할 때 도움을 줄 누군가를 찾거나, 윤리 위원회에 문제를 제기할 수 있도록 말이죠.
중요한 점은 그들이 실제로 이와 같은 대화에 참여할 수 있다는 사실입니다. 아시다시피, 아는 것은 힘이니까요. 그렇게 할 수 있는 개념적 자원을 확보하는 것, 그리고 우려되는 점을 표현함으로써 다른 사람들과 함께 고민을 나누고 대화하는 것. 컴퓨터 과학자들이 이런 것들을 할 수 있기를 바라는 것입니다.

● **윤** 컴퓨터 과학자와 철학자가 개념적 자원을 공유하고, 이를 바탕으로 대화를 나누면서 문제를 선명하게 정의하고 해결 방법을 모색하는 과정을 함께 밟아나가는 것이군요.
하지만 컴퓨터나 AI와 관련해 발생하는 문제는 해결하기가 쉽지 않은 것들입니다. 일단 엔지니어는 대부

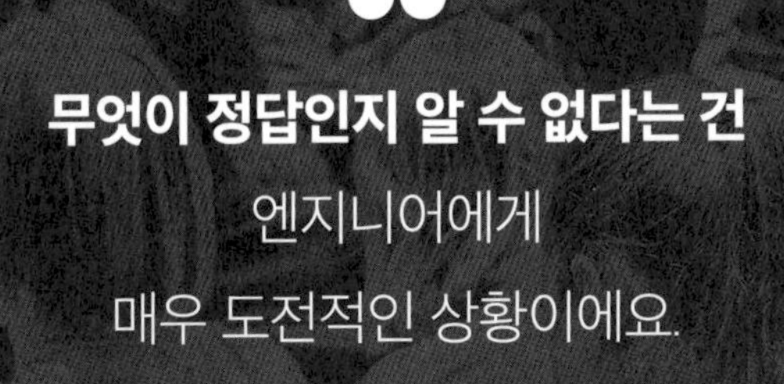

무엇이 정답인지 알 수 없다는 건

엔지니어에게

매우 도전적인 상황이에요.

분 딱 떨어지는 정답을 찾으려는 경향이 있으니까요. 코드화하거나, 버그 또는 에러가 없도록 흑백 방식으로 구현하죠. 무엇이 정답인지 알 수 없다는 건 엔지니어에게 매우 도전적인 상황이에요. 어떤 프로그램이나 기계가 특정 상황에서 무엇을 해야 하는지 모른다는 것도 굉장히 큰 도전이 될 것이고요. 설령 그 도전이 얼마나 어려운지 이해한다고 할지라도, 힘들고 어려운 일이라는 건 분명합니다.

◆ **시먼스** 맞습니다, 그건 사실이에요. 하지만 우리가 할 수 있는 일이 하나 있어요. 철학자와 엔지니어 모두에게 익숙한 일인데, 바로 몇 가지 가정assumption을 내려놓는 것입니다. 우리가 함께 어떤 프로젝트를 진행한다고 가정해보죠. 프로젝트 목표가 이런 것이 있고, 또 이런 사용자를 걱정하고 있다고 해봅시다. 저희는 이러저러한 이유로 무언가를 할 것이고, 코드를 왜 이렇게 작성했는지 설명도 하겠죠. 그러고 나서 문제가 있다는 걸 발견하게 되는 겁니다. 하지만 그렇다 해도 이렇게 말할 수 있어요. "어떤 이유로 코드를 이렇게 작성했는데, 이건 이렇게 바꿀 수도 있어" 하면서 처음의 가정을 다른 것으로 바꾸는 거예요. 모든 것을 영원히 변함없이 유지해야 하는 건 아니니까요. 우리가 실수를 하지 않을 것도 아니고요.

또 이렇게도 할 수 있습니다. 이건 사실 임베디드 에틱스 모듈의 예제 중 하나인데, 비디오게임을 설계한다고 해볼게요. 이 게임은 포괄적으로 설계되어야 하는데, 포용책에 대해 두 가지 다른 개념이 있는 거예요. 그렇다면 이 설계는 각각 어떻게 달라질까요? 이렇게 가정하는 연습을 통해 더 나은 결과를 낼 수 있으리라고 봅니다. 실제로 우리는 둘 중 하나만 선택하게 될 것이고, 하나의 제품만 판매해야 하는 상황을 마주하게 되겠죠. 하지만 이런 방식으로 연습을 거듭한다면 첫째, 자신이 둘 중 하나를 선택한 이유에 대해 설명할 수 있고, 신중하게 결정했다는 것도 분명히 드러낼 수 있을 것입니다. 그리고 둘째, 나중에 그 선택을 바꿀 여지도 확보할 수 있지요.

● 윤 교수님 말씀을 통해 우리가 기억해야 할 중요한 내용을 상기하게 됩니다. 사회가 시간의 흐름에 따라 계속 변화한다는 사실을 기억한다면, 설계할 때부터 프로그램의 기능적 측면을 위한 디버깅debugging 도구만 고려할 것이 아니라 그 프로그램이 가져오게 될 윤리적 영향력에 대해서도 함께 고민해야 한다는 것 말이죠. 또 10년 전에 시스템을 구현하면서 세운 가정이 사회의 진화에 따라 변화했음을 확인한다면, 그 변화를 반영하도록 다시 그 가정을 검토하고 일부 변수를 수정할

수 있어야 한다는 것에 대해서도요.

철학자에게 주어진 새로운 고찰

● **윤** 저처럼 이학이나 공학을 전공한 사람들은 철학자가 저 구름 위 어딘가에 있는 것 같다고 생각하는 경우가 많을 거예요. 왠지 모르게 철학이란 우리의 실제 삶과는 동떨어져 있는 것처럼 느껴지거든요. 하지만 컴퓨터 과학과 AI 기술이 빠르게 발전하면서 사회적 영향력을 무시할 수 없게 되었고, 이제 컴퓨터 과학자와 개발 엔지니어는 철학적이고 윤리적인 고민이 필요한 문제를 끊임없이 마주하고 있습니다. 새삼스럽지만 철학이 지닌 중요한 가치가 다시금 드러나고 있다고 할 수 있겠죠.

옳고 그른 일이란 과연 무엇인지, 인간의 행복이란 무엇인지, 정의·평등·자유 같은 개념을 어떻게 정의할지 등 오늘날 컴퓨터 과학과 공학 분야에서 직면한 대부분의 상황이나 문제를 철학에 뿌리를 둔 질문과 사고방식에서 찾을 수 있다는 점이 놀랍습니다. 교수님께서는 앞으로 철학자가 수행할 역할에 대해 어떻게 생각하시나요? 보다 나은 사회를 만들어나가는 데 철학자는 어떻게 기여할 수 있다고 보시는지요?

◆ **시먼스** 제 강의를 재미 삼아 수강한 레이철이라는 학생이 있어요. 컴퓨터 과학을 전공하고 있었고, 제 철학 개론 수업을 들었죠. 어느 날 그 친구가 저에게 점심을 같이 먹자고 하더니 "시먼스 교수님, 저는 정말로 철학을 공부하고 싶어요. 그런데 제가 속한 세대를 위한 철학을 하고 싶어요. 테크 세대 말이에요"라고 하더군요. 저는 격려하며 이렇게 말했죠. "그래, 그게 바로 네가 할 일이야. 하지만 그런 철학이라는 게 아직 존재하지 않기 때문에 여러 역경을 헤쳐나가야 할 거야. 어떻게 해야 할지는 네가 직접 알아내야 해." 저는 레이철이 맞는 말을 했다고 생각해요. 철학이 오늘날 사람들의 삶에 의미 있게 적용되도록, 우리 일상과 밀접한 관련이 있도록 만들어가야 한다고 봐요.

저는 철학이 좀 더 친근해야 한다고 생각해요. 철학자가 하는 일은 정말 필요하고 중요하거든요. 물론 저희가 하는 몇몇 연구는 기초과학이라 연구실을 벗어날 일이 없겠지만, 어떤 연구는 연구실 밖으로 나가야 해요. 아이디어가 실제로 세상을 변화시키거든요. 그리고 윤송이 님의 말씀처럼 우리가 우리 자신에 대해 생각했던 모든 기본적 개념이 현시대의 기술 때문에 흔들리고 있어요. 사람이란 무엇인지, 인간이란 유기체는 무엇인지, 생명은 무엇인지, 감정은 무엇인지 같은 질문이야말로 저희 철학자들이 생각하도록 훈련받은

“

어떤 연구는

연구실 밖으로 나가야 해요.

아이디어가 실제로

세상을 변화시키거든요.

것이거든요.

그래서 제가 최근에 생각한 건 철학자는 가능하면 대중을 위한 글을 써야 한다는 거예요. 물론 저는 글을 그렇게 잘 쓰지 못하지만, 글을 잘 쓰는 동료가 몇 있어요. 저는 이것이 필요하다고 생각해요. 우리 철학자들은 글을 쓰는 데 시간을 쏟아야 합니다.

우리 철학자들은 전문 분야에 파묻혀서 더 깊이 파고들곤 하죠. 거기에서 벗어나려는 노력이 필요합니다. 그래도 제 동료들은 대부분 폭넓은 비전을 가지고 있고, 젊은 세대 역시 그래요. 그런 면에서 저는 매우 희망적이라고 생각합니다.

지금은 사회적 대화가 필요한 때

◆ **시먼스** 저희가 언젠가 대화를 나누던 중 윤송이 님이 사람의 정서 반응을 이끌어내는 다양한 기기에 대해 말씀하신 적이 있습니다. 어떤 문화에서는 정서 반응을 이끌어내는 것이 좋은 일일 수 있어요. 하지만 또 다른 문화권에서는 아닐 수도 있습니다. 수치심 같은 감정을 불러일으킬 수 있거든요. 앞서 말씀드렸던 것처럼 기술을 개발하는 과정에서 이러한 것들을 충분히 인지해야 하고, 상황에 따라 기존 가정을 바꿀 수 있어야 합니다.

● **윤** 그것뿐만 아니에요. 저는 심지어 한 문화 안에서도 무엇이 적절하고, 무엇이 옳은지 말하기 힘들기 때문에 이 문제가 더 어려운 것 같아요. 아마 철학자가 합리적인 설명과 답을 찾으려는 문제 중 하나일 거라고 생각합니다. 그리고 저희가 이야기한 예시 중 하나는 특정한 성격과 감정을 따라 하거나, 그런 것이 주어진 '인공적인 존재artificial being'였어요. 사실 기계가 감정이나 성격을 가질 수 있는지 여부는 완전히 다른 문제입니다. 사용자 관점에서 그런 서비스나 인공적 존재가 어떤 정서적 공감을 보인다는 이유로 사용자가 그에 대해 더 신뢰하거나 확신한다면 기업에서는 서비스를 더 많이 판매하기 위해 그 신뢰를 이용할 거예요. 이를 어떤 사람은 악용이라 할 수 있고, 또 어떤 사람들은 일종의 효과적인 마케팅이라 할 수도 있습니다. 그리고 이런 일을 하는 데 흑과 백으로 나누는 실재하는 기준이 없어요. 만약 트렌드가 이런 방향으로 계속 흘러간다면, 저는 결국 무엇이 해로운 것인지 알리는 사회적 관점이 필요하다고 생각합니다. 어쨌든 대답하기 매우 복잡한 질문인 것 같네요.

◆ **시먼스** 네, 이것은 정말 복잡한 문제예요. 그렇기 때문에 모두가 대화에 참여해야 합니다. 해당 기기나 로봇의 소스 코드를 작성하는 사람들을 포함해서요. 그래서 저는

그들이 개념적 도구를 배우고 활용하기를 바라는 것입니다. 그들은 무엇이 실질적으로 가능하고 불가능한지 알고 있으니까요.

이상적으로는 컴퓨터 과학자, 공학자와 더불어 철학자가 대화에 참여해야 하고, 정부도 함께해야 하고, 이 기술이나 기기를 실제로 사용할 사람들도 대화에 참여해야 합니다. 사용자야말로 이 대화에 참여할 필요가 있다고 생각해요. 쉽지는 않겠죠. 하지만 기술이란 특정 전문 분야에만 속한 것이 아니라 우리 삶의 일부입니다. 우리가 하는 모든 것에 개입되어 있어요. 따라서 우리는 이에 대해 사회적 차원의 대화를 이어나가야 합니다.

인간이 정말 그렇게 특별한가요?

윤송이_ ● **윤**　　앨리슨 시먼스_ ◆ **시먼스**

● **윤**　지금부터는 교수님께서 제일 좋아하시는 주제로 넘어가보려고 합니다. 교수님께서 꾸준히 연구해오고 계신 전문 분야, 바로 르네 데카르트의 철학에 대한 이야기입니다.

◆ **시먼스**　네, 좋습니다. 고마워요.

● **윤**　데카르트는 16세기 철학자이지만, 그의 주장은 21세기에도 여전히 의미 있고 도전적인 질문을 제기한다는 점에서 다시금 철학의 필요와 묘미를 새겨보게 됩니다. 그는 살아 있는 유기체의 근본적인 가치는 물리적

실존에 있는 것이 아니라 생각하는 영혼에 있다고 여겼습니다. 데카르트는 인간 존재의 이유를 '생각하는 능력'이라고 정의했지요. 그런데 이것이 결국 AI의 본질 아닌가요? 생각할 수 있는 로봇 같은 것이요. 그렇다면 AI를 살아 있는 유기체라고 여길 수 있을까요? 이것은 인간에게 기대하는 것처럼 AI가 더 나은 도덕과 윤리를 갖는다는 견해를 뒷받침하는 걸까요? 우리는 인간과 AI를 어떻게 구별해야 할까요? 그리고 인공적인 존재와 우리의 존재는 어떻게 구별해야 할까요?

AI는 인간이 될 수 있을까?

◆ **시먼스** 네, 다양한 방향으로 살펴볼 수 있는 중요한 질문이네요. 먼저 윤송이 님이 말씀하신 내용 중 데카르트답지 않은 부분이 한 가지 있어 먼저 말씀드릴게요. 제가 굉장히 흥미롭고 의미 있게 생각하는 부분입니다. 방금 윤송이 님께서 질문하시면서 생명과 생각을 같은 부류로 두는 표현을 하셨어요. 그런데 데카르트의 업적 중 하나는 마음과 몸을 서로 다른 것으로 구분한 것뿐만 아니라, 생명과 생각 사이도 아예 갈라냈다는 것이에요. 그에게 그 두 가지는 근본적으로 다른 것입니다. 데카르트는 이런 생각에 도달하는 데 기술에서 많은 영

감을 받았다고 해요. 그 시대의 기술인 오르간이나 분수 같은 것들 말이죠.

데카르트에게 생명은 순전히 물리적 현상입니다. 기계화된 것이에요. 그래서 데카르트 관점에서는 생물과 무생물 사이에 그다지 심도 깊은 차이가 없습니다. 하지만 생명과 달리 마음, 생각 같은 것들은 완전히 분리된 다른 편에 속한 부류죠. 별개의 사안이에요.

그래서 제 생각에는 데카르트는 아마도 '인공 생명artificial life'이라는 아이디어를 괜찮다고 생각할 듯싶어요. 다만 그는 호흡, 소화, 번식 등 생명을 유지하는 기능을 수행하는 기계를 인공 생명이라고 여길 겁니다. 그에게는 그것이 인공 생명이에요. 하지만 아시다시피 그는 기본적으로 살아 있는 유기체도 그저 매우 화려하고 복잡한 기계일 뿐이라고 생각했어요. 개나 다른 동물들은 살아 있지만 생각하지 않는다고 보았죠. 이것은 생명과 생각을 아주 확연하게 구분한 것입니다. 한 쪽에는 생물학이 있고, 다른 한쪽에는 심리학이 있는 거죠. 그래서 우리가 데카르트의 영향을 고려한다면, 생명과 생각을 동일 선상에 놓고 함께 다루어도 되는지 다시 검토해볼 필요가 생깁니다.

그러니까 기계적 활동으로서 생명이라는 관점에서 데카르트에게 인공 생명은 별로 문제가 안 될 거예요. 제 생각에 데카르트가 의심할 만한 부분은 생각하는 능력을 인공적으로 만들 수 있는가 하는 문제예요. 그는 '생각하는 인공의 존재artificial thinking being'가 나타날 가능성이 거의 없다고 봤을 겁니다. 그 어떤 기계도 그렇게 유연하게 사고할 수 없고, 무언가를 학습해서 개념을 이끌어내고 그것을 적용하는 과정을 수행할 수 없기 때문이죠. 물론 지금은 데카르트가 틀렸을 수도 있어요. 지켜봐야죠. 우리가 아직 그 정도는 아니라고 봐요. 데카르트는 언어를 의미 있게 사용하는 데도 관심이 많았거든요. 과연 AI가 은유적 표현이나 반어법을 이해하고 사용할 수 있을까요? 이와 같은 질문은 기계가 정말 생각이라는 것을 할 수 있는지 여부에 대해 데카르트가 제기할 만한 질문입니다. 그는 기꺼이 이런 의문을 던질 거예요.

하지만 AI 기기와 인간의 경계에 대해서는 현시점에서 우리가 걱정해야 할 이슈가 분명히 존재합니다. 1950년대에 인공호흡기가 발명되었는데, 그 덕분에 오늘날 우리는 코로나19 팬데믹을 이겨내고 있죠. 인공호흡기는 사망 선고를 받을 뻔한 환자의 폐와 심장이 정상적으로 활동할 수 있게 도와줍니다. 그러나 여기서 질문 하나가 제기되었어요. 환자는 인공호흡기로 삶을 유지하고 있는 걸까요, 아니면 사실 죽었지만 그 죽음이 인공호흡기에 가려진 것일까요? 어려운 질문이죠. 그 결과 많은 대화가 이어졌고 뇌사라는 매우 문제적

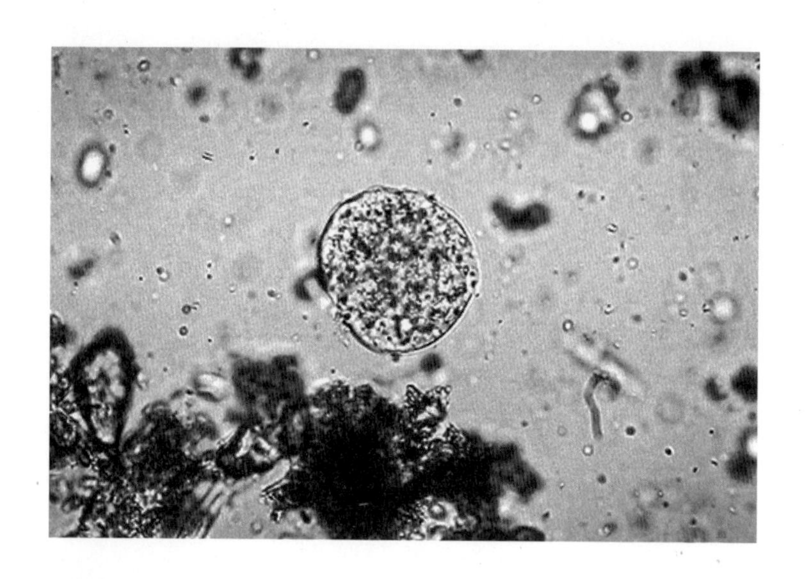

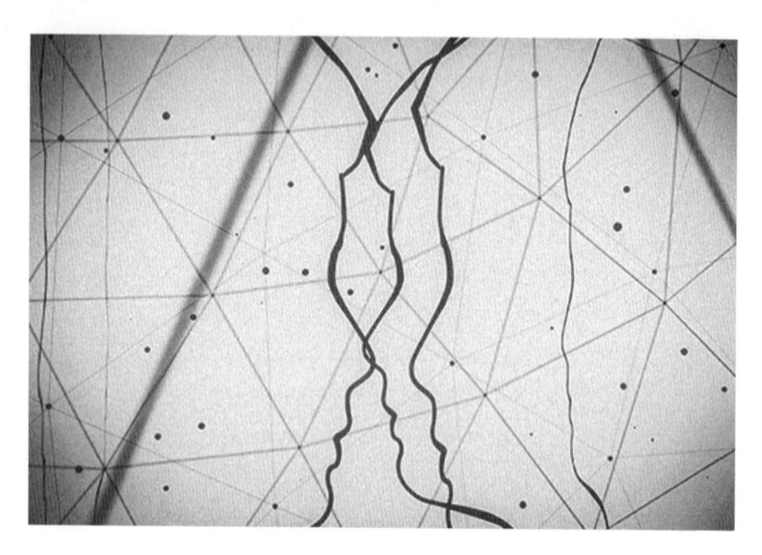

데카르트는 생명과 생각을 아주 확연하게 구분했다.
한쪽에는 생물학, 분리된 다른 한쪽에는 심리학이 있는 셈이다.

인 개념이 등장했어요. 그리고 뇌사는 실제로 사망 선언을 대체하는 방법으로 도입되었고요. 여기에 전제된 생각은 이런 것이었어요. 뇌는 심폐 시스템을 작동합니다. 만약 뇌가 죽었다면, 인공호흡기는 그저 죽음을 가리고 있을 뿐이라는 것이죠. 하지만 뇌가 제 기능을 하고 있다면, 뇌는 그 사람이 살아 있는 데 도움을 주는 기관인 것입니다. 이 두 가지를 다른 것으로 구분한 거예요. 이에 관해 지금까지 많은 토론이 이루어졌고, 죽음에 대한 의학적 정의도 시대에 따라 바뀌어왔어요.

뇌사에 관련된 논란은 이러한 질문도 함께 제기합니다. 과연 우리는 무엇을 살리려고 하는 것일까요? 의식적인 경험을 가진 사람일까요? 아니면 그저 손발톱이 자라는 유기체일까요? 참 까다로운 문제입니다. 지금 예시를 든 뇌사의 경우는 생명공학에 속하지만, 기술이 발전할수록 우리는 이러한 질문을 여러 분야에서 마주하게 될 거예요. '살아 있는 것과 살아 있지 않은 것의 경계는 어디인가?' 같은 질문들이죠.

정확한 답을 내리기 어려운 많은 질문이 이어지겠지만, 우리는 이런 질문을 계속 던지고 함께 고민해야 합니다. 회피할 수 없는 가장 핵심적인 문제니까요. 삶과 죽음의 경계를 묻지 않는데, 다른 무엇이 얼마나 더 중요하겠어요? 그 경계의 현장을 살아가는 수많은 의사와 가족은 매 순간 불편과 혼란을 겪어야 하는데 말이죠. 우리는 이러한 현시대의 핵심 질문에 직면했을 때 망설이거나 멈추지 말고, 비록 어렵지만 끊임없이 서로 묻고 연구하고 토론해야 해요.

괜찮으시면 조금 덜 무거운 예시를 하나 더 들어볼게요. 저는 예전에 인공 팔에 관심이 있었습니다. 요즘에는 인공 팔을 본인의 생체 물질로 만들기 때문에, 그 팔로도 감각을 느낄 수 있다고 해요. 그러면 윤송이 님께 그런 인공 팔이 하나 있다고 가정해봅시다. 제가 먹으려고 아껴둔 쿠키 하나를 윤송이 님이 먹어버렸어요. 저는 무척 화가 나서 윤송이 님의 인공 팔을 부숴버렸습니다. 당연히 윤송이 님도 화가 나서 저에게 보상을 하라고 하겠죠.

그때 윤송이 님은 저를 폭행과 구타 혐의로 기소하실 건가요, 아니면 재물 손괴 혐의로 기소하실 건가요? 그 팔은 윤송이 님의 일부인가요, 아니면 그저 소유물인가요? 전 저의 팔을 가리켜 '내 팔'이라고 말하지만, 아시다시피 그게 '내 아이폰'이라고 말하는 것과 같지는 않잖아요. 제 신체를 가리킨다는 건 저 자신을 의미하죠. 그런데 인공 팔이라면 상황이 달라질 수도 있는 것입니다.

그래서 우리는 기술을 개발하는 과정에서 이와 같은 여러 이슈에 대해 면밀하게 생각해봐야 해요. 법적인 문제도 계속 생길 것이고, 가족도 이와 같은 상황에서

슬퍼해야 할지 아니면 다른 반응을 보여야 할지 결정해야 하니까요. 저는 우리가 암을 치료하는 것만큼이나 이 문제를 해결하고 싶어 한다고 느껴요. 그렇지만 이러한 문제는 발생한 이후가 아니라 연구 개발 단계에서부터 고려해야 한다고 생각합니다.

무엇이 인간과 AI를 구분하는가

● **윤** 대니얼 데닛◇이 책에서 언급한 매우 유명한 표현이 떠오르네요. '우리는 인간에게 일정 수준의 도덕성과 윤리적 행동을 기대한다'라는 문장입니다. 그건 아마 인공 팔이나 인공 심장을 가진 사람에게도 똑같이 적용될 것입니다. 비록 팔이나 심장이 인공이라고 해도 우리는 그를 인간으로 여기죠.

하지만 만약 사람의 신경세포가 실리콘으로 대체된다면, 그래도 우리는 같은 기준을 적용해야 할까요? 신경세포의 40퍼센트가 대체되거나, 혹은 51퍼센트가 대체된다면요? 우리는 '생각하는 기계'가 있다고 여겨

◇ 대니얼 데닛(Daniel Dennett, 1942~)은 미국의 철학자이자 작가, 인지과학자로 정신철학, 과학철학, 생물철학에 대한 연구를 중심으로 하고 있다.

지는 뇌를 나머지 신체 부위와 구분해서 바라봐야 할까요?

이것은 또 다른 질문으로 이어집니다. 만약 로봇이나 자율 주행차가 범죄를 일으킨다면, 우리는 그 기기를 법정에 세워야 할까요, 아니면 그 알고리즘을 개발한 엔지니어를 법정에 세워야 할까요? 그것도 아니면 그 기기를 만든 회사나 투자자를 법정에 세워야 할까요? 이는 다시 신경계, 의식의 중심, 도덕성이 모두 논의되어야 하는 문제로 돌아가죠. 그리고 저는 데카르트가 제기한 영혼, 몸, 생각의 구분이 이 복잡한 질문을 탐색하는 데 도움이 될 거라고 생각해요.

◆ **시먼스** 네, 저도 그러길 바랍니다. 이런 질문들에 명확한 답이 있으면 좋겠지만 그렇지는 않으니까요. 우선 저는 말씀해주신 상황에서 두 가지를 생각합니다. 하나는 'AI 기기와 우리의 관계가 무엇인지', 다른 하나는 'AI 기기에 대한 우리의 책임은 무엇인지'예요. 일단 AI가 인간을 대체한다는 주장은 차치하고, 인간이 잘 못하지만 AI는 잘하는 게 있고, 반대로 인간은 잘하지만 AI는 잘 못하는 게 있기 때문입니다. 예를 들면 기계에는 보통 사람들 사이에 통용되는 상식이 없죠. 스스로 의지를 갖고 목표를 설정하지도 못하고요. 그렇다면 이 둘에게 올바른 협업 모델은 무엇일까요? 제 생각에 우리

는 그 협업 모델이 어떤 것인지 먼저 개념적으로 정리하고 나서야 우리가 서로에게 어떤 빚을 지고 있고, 누가 무엇에 책임을 져야 하는지 따질 수 있다고 봅니다. AI가 우리와 더 비슷해질수록 문제는 더 복잡해지겠지만요.

하지만 전 여전히 AI가 우리와 비슷해질 수 있을지 의문이 들어요. 우리는 할 수 있지만 AI는 절대 할 수 없는 게 있거든요. 물론 반대로 기계 역시 우리가 절대 할 수 없는 것을 하고요. 규모가 매우 큰 데이터셋에서 패턴을 찾아내는 걸 어떻게 사람이 하겠어요. 그래서 저는 인간이 AI로 대체된다고 해도 항상 상당한 차이점이 있을 거라고 생각해왔어요.

일단 기계를 인간처럼 바꿔나가는 과정을 생각해본다면, 단순한 의식의 연속체 같은 것이 있고 거기서 일부를 분리해 인공 뇌에 업로드하고 다운로드하고, 그런 다음 그 뇌를 로봇에 넣을 수 있겠죠. 하지만 인간에게는 그렇게 할 수 없잖아요. 저는 우리 인간에게 매우 중요한 부분이자 대부분의 로봇이 갖추지 못한 것은 주관적으로 의식하고 의사를 결정하는 영역이라고 생각해요.

또 우리 몸이 인간의 형체를 지닌 것도 인간으로서 중요한 요건이라고 봅니다. 그래서 제 직감으로는 만일 모든 신체 부위를 기계로 교체한다면 그건 인간이라는 영역을 벗어나게 된다고 생각합니다. 발톱을 바꾸는 정도는 문제가 없다고 할 수도 있겠지만요. 아무튼 이러한 것들은 정말 어려운 문제예요. 그렇죠?

● **윤** 네, 맞아요. 인간을 그토록 특별하게 만드는 것이 무엇인지 명확하게 합의하지 않았기에 더 어려운 것 같습니다. 어떤 사람들은 인간만이 유일하게 의식이 있다고 하지만, 또 어떤 사람들은 포유류 같은 동물도 의식이 있다고 생각하잖아요. 의식의 결과는 무엇인지도 명확하지 않고, 심지어 의식을 뭐라고 정의하는지도 다 다르죠. 어떤 사람들은 우리의 행동과 반응 대부분이 일종의 반사 반응이고 코딩된 기계와 별로 다르지 않다고 말합니다. 그렇다면 이런 의문이 들 수밖에 없죠. 인간이 정말 그렇게 특별한가요? 특별하다면 무엇이 어떻게 더 특별하고 다른 것일까요? 시를 쓰는 AI와 보고 느끼고 창조하며 시를 쓰는 인간은 근본적으로 다르다고 생각하나요? 하지만 무엇이 AI와 인간을 구분 짓는지 정확하게 이해하지 못한다면 우리가 AI와 다르다는 것을 어떻게 확신할 수 있을까요?

◆ **시먼스** 글쎄요, 저는 이 질문들에 대해 좋은 답을 제시할 수는 없어요. 그렇지만 윤송이 님이 짚으신 건 정말 맞는 말씀이에요. 우리는 무엇이 우리를 인간으로 구별 짓는

지 설명할 수 있어야 해요. 하지만 그게 쉽지 않아요. 우리가 끊임없이 마주해야 할 도전 과제인 거죠.

데카르트도 이 도전에 뛰어든 사람들 중 하나라고 볼 수 있을 거예요. 데카르트가 살던 시대에 그가 급진적이라고 여겨졌던 이유는 정신과 물질을 각각 다른 실체로 규정한 이원론dualism 때문도 아니고, 사람에게 특별한 마음이 있다고 주장했기 때문도 아니었어요. 오히려 그가 너무 많은 것을 '자동으로 움직이는 것'이라고 규정해서 급진적이라고 받아들여졌죠. 그는 환경에 반응하거나 감정적으로 반응하는 등 인간의 반응 행동 대부분이 기계처럼 자동화된 일이라고 생각했어요. 어떤 행동은 학습된 것일 수도 있지만, 대부분은 그저 자극-반응이라고 생각했던 거죠. 그래서 동물 기계론◇ 같은 것이 급진적이라고 받아들여진 겁니다.

저는 종종 스스로에게 이런 질문을 해요. 만약 데카르트가 현시대에 살았다면, 그는 신경 과학자였을까, 아니면 컴퓨터 과학자였을까? 그리고 이런 질문에 그는

◇ 동물 기계론(Animal machine)은 모든 동물의 운동을 기계적 원리로 해석하는 데카르트의 과학적 기계론 또는 기계론적 자연관의 일부다. 그는 인간이 만든 그 시대의 '자동기계'와 동물의 신체를 비교하면서, 동물의 신체는 신이 훨씬 더 정교하게 만든 기계라고 주장했다. 하지만 인간의 경우, 신체가 기계처럼 작동하지만 영혼은 그 신체와 완전히 구별되어 존재한다는 이원론을 내세웠다.

만약 데카르트가 현시대에 살았다면,

그는 신경 과학자였을까,

아니면 컴퓨터 과학자였을까?

어떤 답변을 할까 종종 생각하곤 합니다. 우리가 아직 풀지 못한 문제, 의지, 추론 능력, 유연한 사고 체계에 대한 것들 말이에요. 도대체 의지란 무엇이고, 결정을 내린다는 것은 무엇일까요?

우리가 법을 만드는 과정은 코덱스◇◇가 할 수 없는 방법이에요. 코덱스가 코드를 작성할 수는 있지만 스스로, 자기 의지로 필요한 목표나 규칙을 정할 수 있을까요? 이러한 차이가 우리가 하는 일을 특별하게 만들죠. 또 우리는 서로의 신념과 행동에 책임을 묻지 않는 것 같지만 사실 책임을 묻고 있습니다. 가끔 우리는 시리를 탓하며 책임을 묻을 때도 있지만, 보통은 기계에 책임을 묻지는 않죠. 우리가 그저 스스로를 속이고 있는 걸까요? 그 뿌리는 무엇일까요? 그것이 우리가 알아내야 할 것들입니다. 아마 일상에서 시작할 수 있겠죠. 우리가 사람을 개나 휴대전화와 어떻게 다르게 대하고 있는지부터 생각해볼 수 있을 것입니다.

● **윤** 정말 뿌리 깊은 질문 같아요. 말씀하신 것처럼 일상의 현상에서 시작해 근원을 파 내려가는 작업을 반복해야

◇◇ 코덱스(Codex)는 2015년 일론 머스크와 샘 올트먼이 공동 설립한 인공지능 기업 및 연구소 '오픈AI'에서 2021년에 발표한 AI 시스템이다.

겠지요. 당장 깔끔한 정답이 나오지 않는다는 것만 참을 수 있다면 분명 흥미로운 작업일 거라고 생각합니다. 그리고 이런 질문을 던지고 고민을 이어나가는 과정이 우리가 마주하는 복잡한 상황을 헤쳐나가는 데 있어, 또 엔지니어가 세상에 선보일 각종 도구와 기계를 어떻게 만들지 숙고하는 데 있어 근본적인 영향을 미칠 수 있을 거라고 봐요.

◆ **시먼스** 네, 그럼요. 엔지니어들이 "인간에게 도움이 되는 방향으로 첨단 기술 기기를 만들려면 어떻게 해야 할까?" 하는 질문을 염두에 두고 논의하면서 기술을 개발해나갈 수 있겠죠. 우리가 인간을 대체하기 위해 AI를 활용한 기기를 개발하는 것은 아니라고 생각해요. 물론 몇몇 직업은 AI로 대체되겠죠. 하지만 이상적으로 봤을 때 AI 기기는 반복적이고 정형화된 직업을 대체하는 것입니다.

저희가 임베디드 에틱스 과정에서 진행한 자동화 로봇 시스템 모듈 중 하나로 일의 가치에 대해 다룬 적이 있어요. 그 모듈 수업에서 학생들은 창의성을 요구하는 직업과 반복적이고 정형화된 직업을 구분할 때 무엇을 중시해야 할지, 창의성을 요구하는 직업을 개발하고 직무가 정형화된 직업을 자동화할 때 고용주는 어떤 책임을 지는지, 자동화해야 할 것과 하지 말아야 할 것을 결정할 때 어떤 정의의 관념 체계가 필요할지 등에 대해 생각해보고 논의했죠. 아주 재미있는 모듈이었어요. 바로 이러한 질문들을 실제 기술 개발 현장에서도 항상 상기하고 고려해야 한다고 봅니다.

● 윤 동의합니다. 사실 놓치지 말아야 할 중요한 질문인데도 때로 너무 복잡하거나 어렵다는 이유로 깊이 고민하지 않고 쉽게 넘겨버리고 싶은 유혹이 드는 것 같아요. 하지만 이런 질문에 대한 해답은 함께 참여해 논의하지 않으면 어느 누구도 홀로 풀어낼 수 없고, 지금 세대가 책임을 회피한다면 그다음 세대가 영향을 받겠죠.

이제는 어느 전공 분야에 있건 AI 시대를 살아가는 사람이라면, 정답이 없는 수많은 질문을 기꺼이 탐색하고 대화하는 철학적 힘을 습관처럼 키워나가야 하겠다는 생각이 듭니다. 일상의 작은 상황부터 질문하는 태도를 적용하다 보면, 지금 당장은 힘들고 어렵게 느껴지는 복잡한 질문도 언젠가는 자연스럽게 풀어나가게 되지 않을까요.

그런 점에서 하버드의 임베디드 에틱스 프로그램은 학생들이 그런 힘을 지속적으로 키워나갈 수 있도록 훈련받는 좋은 기회가 되겠지요. 그들의 체험이 미래 사회의 복잡하고 모호한 질문에 숨 쉬듯 자연스럽게 대응하도록 해주는 탄탄한 철학적 토대로 성장해나가길 기대해봅니다. 하버드뿐만 아니라, 이 프로그램을 보고 배울 수 있는 다른 대학과 학생들을 위해서도 매우 의미 있는 발걸음이라고 생각해요. 이 프로그램을 시작하시고 이끌어주시는 교수님께 다시금 감사드립니다.

◆ **시먼스** 저희를 알아봐주시고 관심 가져주시는 윤송이 님께 제가 더 감사드려요. 저희를 지지해주셔서 정말 기쁘고 고맙습니다.

인간이 정말 그렇게 특별한가요?

특별하다면

무엇이 어떻게 더 특별하고

다른 것일까요?

4장

융합의 시작

공학은 위대하지만 연결되어야만 합니다

제임스 미킨스 Dr. James Mickens

미국의 컴퓨터 과학자이자 하버드 대학 임베디드 에틱스 프로그램의 리더로 하버드 존 A. 폴슨 공학 및 응용과학 대학원에서 컴퓨터 과학 전공 강의를 하고 있다. 하버드 대학의 버크먼 클라인 인터넷 및 사회 센터Berkman Klein Center for Internet & Society의 책임자이기도 하다. 사이버 보안 분야에 중점적으로 관심을 두고 있으며, 최근 발표한 공동 집필 논문으로 〈데이터 센터 멀티테넌시를 위한 절연 메커니즘 재고Rethinking Isolation Mechanisms for Datacenter Multitenancy〉(2020), 〈힙 데이터 내 유의미한 포인터 식별 Identifying Valuable Pointers in Heap Data〉(2021), 〈오블리크: 심벌릭 실행을 이용한 페이지 로딩 가속화Oblique: Accelerating Page Loads Using Symbolic Execution〉(2021) 등이 있다.

기술 너머, **더 넓은 시야를 갖기까지**

인간의 경험이 곧 기술의 경험인 시대입니다. AI를 비롯한 첨단 기술은 점점 더 일상생활 깊숙이 파고들면서 인류의 삶을 보다 다채롭고 편리하게 만들고 있습니다. 하지만 그 이면에서는 이전에 생각지 못했던 사회문제를 초래하기도 합니다. 거시적으로는 국가 간 보안 이슈 또는 AI 기기를 활용한 테러가 발생할 우려도 있고, 알고리즘이 전달하는 특정 정보만을 지나치게 신뢰하는 극단주의자들의 확증 편향이 정치적 문제를 일으킬 수도 있으며, 컴퓨터의 딥러닝 기술을 활용해 이미지를 합성하는 딥페이크Deepfake가 유명인의 가짜 스캔들을 만들어내거나 특정 소수 계층을 조롱하는 영상에 쓰일 수도 있습니다.

AI 시대가 본격화되면서 전 세계 주요 국가는 엄청난 기회를 창출하는 이 기술을 보다 올바르고 효과적으로 활용하기 위해 법적, 윤리적 가이드라인을 제정하는 데 노력을 기울이고 있습니다. 그러한 노력의 가시적 결과로 2021년 유럽연합EU 의회는 AI 개발 및 사용에 대한 포괄적 규정을 담은 최초의 AI 입법 초안을 발표하기도 했습니다. AI를 둘러싼 이슈에 대한 범국가적 대응이라고 할 수 있는 EU의 움직임을 전후해 미국, 일본 및 우리나라에서도 인권과 프라이버시 보호, 그리고 기술의 공정성, 안전성, 책임성, 지속 가능성 등을 종합적으로 담보할 수 있는 AI 윤리 규범 논의에 박차를 가하고 있습니다.

이번 장을 통해 만날 하버드 대학의 제임스 미킨스 교수는 이처럼 AI 윤리 가이드라인을 잡아가고 있는 글로벌 사회의 흐름을 적극 지지하면서도, 기술이 적용된 이후 문제에 대응하는 것과 동일한 관심과 노력을 기울여야 하는 부분은 그 기술이 처음 생성되어 개발되어가는 과정임을 역설합니다. 기술의 아이디어가 탄생한 순간부터 시작해서, 그 기술이 성장해나가는 모든 개발 과정마다 윤리적 사안에 대한 고려가 촘촘히 엮여 들어가야 한다는 것이지요. 즉 AI 기술을 직접 다루고 연구하는 컴퓨터 과학자와 엔지니어가 학생 시절부터 윤리적 시선을 꾸준히 키우는 것이 매우 중요하다는 주장입니다.

이러한 관점 아래 하버드 임베디드 에틱스 프로그램을 이끌면서 윤리적 역량을 갖춘 미래의 인재를 양성하는 미킨스 교수와의 대화를 통해, AI 시대의 핵심 리더인 컴퓨터 과학자와 엔지니어들이 연구실 너머를 내다볼 수 있는 넓은 시야를 갖추는 데 격려가 되고, 스스로 개발하는 기술이 가져올 사회적 영향력에 대해 책임감 있게 숙고하는 데 필요한 힘을 실어줄 수 있기를 바랍니다.

미래의 엔지니어를 위한 시도

윤송이_ ● **윤**   제임스 미킨스_ ◆ **미킨스**

● **윤** 안녕하세요, 제임스 미킨스 교수님. 오늘 이렇게 함께 해주셔서 정말 기뻐요. 대화를 나누기 위해 시간을 내주셔서 감사합니다. AI 기술 발전이 가속화되면서 그동안 생각하지 못했던 다양한 철학적, 사회적, 윤리적 이슈가 제기되고 있는데요. 이를 둘러싼 여러 전문 분야의 관점을 교류하며 종합해가는 논의 과정은 이 시대를 살아가는 데 필수 불가결한 요소라는 생각이 듭니다. 그 일환으로 오늘 교수님과 함께 AI와 윤리에 대한 폭넓은 관심사를 두루 다루어보고자 합니다. AI 관련 주제에서 가장 중요하고 핵심이 되는 분야라면, 물론 다른 모든 영역도 그 중요도를 가늠하기는 어렵겠

지만, 아무래도 그 기술을 직접 다루고 개발하는 컴퓨터 과학 및 공학을 빼놓을 수 없으니까요. 컴퓨터 과학 전공자이면서 하버드에서 엔지니어를 꿈꾸는 학생들을 키워내는 교육자로서 미킨스 교수님의 생각과 관점을 접할 수 있다는 것이 무척 감사하고 기대가 됩니다. 우선 교수님께서 지금 리더를 맡고 계시는, 하버드의 컴퓨터 과학과 철학 학부가 함께하는 협력 프로그램인 임베디드 에틱스에 대한 이야기부터 시작해볼까 합니다. 사실 기존 공학 전공자의 경우 윤리적, 사회적 문제를 접할 기회도 많지 않았고, 철학적 사고와 탐구를 바탕으로 엔지니어링에 임한다는 것 자체가 굉장히 새롭고 도전적인 시도가 될 것입니다. 이 변화를 이끄는 개척자의 관점에서 임베디드 에틱스를 소개해주실 수 있을까요? 이것이 어떠한 학문이며 어떻게 가르치고 있는지, 또 학생들은 어떻게 받아들이는지 궁금합니다.

◆ **미킨스** 네, 저도 이렇게 함께 이야기를 나눌 수 있어서 매우 반갑습니다. 먼저 임베디드 에틱스가 생겨난 이유를 되짚어볼까요? 근본적으로 보았을 때 임베디드 에틱스가 필요해진 이유는, 엔지니어 스스로 자기가 만든 것들이 사회에 미치는 영향에 대해 책임져야 하는 상황이 점차 많아졌기 때문입니다. 특히 컴퓨팅 산업 기술자들과 관련이 깊은데, 일상생활의 다양한 측면이 컴

퓨터 시스템과 점점 더 밀접해지고 있기 때문이죠. 지금 저희가 함께 대화를 나누는 상황만 해도 그렇습니다. 저희는 줌Zoom 덕분에 이렇게 비대면으로 편리하게 대화를 나눌 수 있게 되었죠. 이 애플리케이션은 코로나19 팬데믹 기간에 사람들의 소통 방식에서 매우 중요한 위치를 차지하게 되었습니다. 그 밖에도 무언가를 결제하고, 스트리밍 서비스를 이용하고, 게임을 하는 것을 생각해보세요. 이러한 것들은 우리가 다른 사람들과 어떻게 상호작용하는지 파악할 수 있는 중요한 측면으로 부각되고 있습니다.

예를 들어 형사사건 판결문을 살펴보면, 어떤 사건에서 가석방을 결정하기 위해 알고리즘을 사용하기도 합니다. 우리가 대출 신청을 했을 때 은행에서는 우리의 신용도를 확인하고 대출 가능 금액을 결정하기 위해 알고리즘을 이용하죠. 이처럼 인간의 경험은 점점 더 컴퓨터를 통한 경험이 되어가고 있습니다. 우리가 그것을 인지하고 있든 아니든 상관없이 말이죠.

그렇기 때문에 엔지니어, 특히 컴퓨터 과학자가 고민해야 할 흥미로운 질문이 생긴 것입니다. 이는 단순히 기술적 사항에 대한 질문이 아니라 사회와 연계된 기술에 대한 질문입니다. 이런 질문이 생길 때마다 윤리적인 문제도 마주하게 될 것입니다. '과연 옳고 그른 일이란 무엇인가' 같은 수준 높은 질문이겠지요. 물론 질문을 제기하는 것 자체는 매우 쉽습니다. 하지만 진짜 문제는 사소한 세부 사항 가운데 숨어 있게 마련이죠.

무엇이 옳고 그른지 생각할 수 있는 환경을 만들다

◆ **미킨스** 그래서 저희가 임베디드 에틱스를 통해 중요하게 다루고 싶었던 것은, 엔지니어와 컴퓨터 과학자가 이러한 질문에 대해 답을 생각하는 법을 배울 수 있는 환경을 만드는 것이었습니다. "이 맥락에서 옳고 그른 일은 무엇일까?", "이해관계자는 누구일까?", "옳고 그름을 고려해야 하는 대상은 누구일까?" 같은 질문에 대해서 말이죠.

더 나아가서 저희는 그동안 여러 대학에서 시행해온 공학 윤리학engineering ethics의 전통적인 교육 모델을 따르고 싶지는 않았습니다. 일반적인 교육과정에서 엔지니어라면 '공학 윤리학'이라는 교과과정을 수강하고 유명한 사례 연구를 배우는 게 전부입니다. 많은 학생이 이 수업을 그저 학점 이수를 위한 필수과목 정도로만 인식할 뿐이죠. 이 수업을 들은 학생이라고 해서 크게 달라지는 것이 아니라, 공학 전공자들이 으레 그렇듯 학교를 졸업한 뒤 기업에 가서 수천 줄의 버그 없는 코드를 작성하는 미래를 그릴 겁니다.
물론 아무것도 안 하는 것보다는 낫겠지만, 이러한 접근 방식은 학생들에게 윤리적 측면에 대한 고려가 어떻게 엔지니어링의 일상적 행위로 엮여 들어가야 하는지 알려주지 못합니다. 이건 설계를 다 마친 다음에 되돌아보면서 단순히 고민하는 수준의 일이 아니거든요. "그나저나 내가 윤리적이었을까?", "고객과 직원, 그리고 사회를 위해 옳은 일을 했나?" 하고 뒤늦게 질문하고 싶지는 않을 겁니다. 문제를 깨닫고 나서 고치는 것은 훨씬 어려우니까요. 그렇지 않나요?
따라서 임베디드 에틱스에서 우리가 하는 일은 학생들이 수업을 하나 듣고 나서 '이제 됐어'라고 생각하지 않도록 하는 거예요. 저희는 윤리적 추론 개념을 여러 개의 다른 수업 각각에 장착시키려고embed 하는 것입니다. 그러니까 기본적인 생각은 이래요. 누군가 컴퓨터 과학자가 되기 위해 대학 시절에 컴퓨터 과학 전공 강의 10개를 듣는다고 가정해보죠. 저희가 희망하는 건 그 사람이 수강해야 할 모든 수업에서, 해당 수업 내용과 관련된 윤리적 측면을 논의하는 구조를 갖추는 것입니다. 그렇게 함으로써 컴퓨터 과학 전공자들이 윤리적 문제를 고려하는 것이 필수적인 강좌를 수강하고 있지 않다 해도, 자신이 참여하는 어느 수업에서든 무엇이 옳고 그른지 누가 이해관계자인지 고려하는 것을

“

우리가 하는 일은

학생들이 수업을 하나 듣고 나서

‘이제 됐어’라고

생각하지 않도록 하는 거예요.

”

중요한 관점으로 받아들이게 되기를 바랍니다.

이것이 바로 저희가 시도하고 있는 고차원적 접근 방식입니다. 저희는 수업 내용이 컴퓨터 인터랙션이든, 컴파일러든, 게임이든 상관없이 강좌마다 윤리적 요소를 포함시키고자 하는 것입니다.

저희가 수업에서 윤리적 이슈에 대해 나누는 토론 내용은 어떤 학문 분야의 특정 문제에 기반을 두고 있습니다. 구체적인 예를 들자면 저는 컴퓨터 보안 수업을 하고 있습니다. 여기에 연결된 임베디드 에틱스 모듈로, 해커를 역으로 해킹하는 것이 윤리적인지 논의하는 내용이 있습니다. 누군가 회사에서 사이버 범죄의 피해자가 되었다고 가정해보죠. 그런데 그 피해자가 회사 시스템을 해킹한 사람을 알고 있어서 범인을 역으로 해킹하려고 한다면 그것은 합당한 일일까요? 도둑맞은 자기 자산을 다시 훔쳐 오거나, 피의자의 운영 시스템을 강제 종료해버리거나 하는 식으로 말이죠.

언뜻 보기에 이것은 무척 간단한 질문 같기도 합니다. 하지만 저희는 이 사례에서 사이버 공격이나 해커의 속성을 식별해내는, 아주 흥미로우면서도 골치 아픈 문제를 연구하기 시작했어요. 우리가 누군가를 역으로 해킹하려면, 일단 그 사람이 범인인지 얼마나 확신해야 할까요? 만약 당신이 잘못 생각한 거라면 어떻게 하죠? 또는 정부가 그렇게 하지 말라고 하면요? 그게 상관이 있을까요? 역으로 해킹하는 일에 대한 옳고 그름을 판단하는 데 법적 규제는 어떤 역할을 해야 하는 것일까요?

● **윤** 정말 많은 질문이 얽혀 있는 복잡한 문제네요. 어떤 상황을 그저 단편적으로만 바라보고 행동하면 이처럼 연관된 수많은 문제를 더 어렵게 꼬아버리는 일도 발생하는 것 같습니다. 컴퓨터 과학기술이란 그렇게 오늘날 일상의 무수한 문제에 스며들어 얽혀 있으니, 이 기술을 다루는 엔지니어 스스로 자신의 결정이 불러올 문제를 면밀하게 검토할 수 있도록 훈련하는 것은 꼭 필요한 일이라는 생각이 듭니다. 그러한 지향점을 추구하는 임베디드 에틱스의 움직임에 대해 전반적으로 설명해주셔서 감사합니다. 학생들이 자신들의 전공과목 맥락이나 기술적인 시각으로만 바라본다면 그다지 고민하지 않았을 윤리적 문제를 검토하는 데 확실히 큰 도움이 되리라 생각해요.

엔지니어에게 필요한
또 하나의 기술, 윤리적 추론 능력

● **윤** 사실 윤리학이란 인류의 역사 수천 년을 돌아보면 매우 오래된 분야 중 하나일 것입니다. 하지만 가장 인기 있는 분야는 아니었죠. 이제 어느 산업 분야에서든 윤리적 영향을 충실히 검토하는 것이 중요해진 오늘날, 보다 더 많은 사람들이 첨단 기술의 윤리적 영향을 이해하기 위해 관심과 노력을 기울이게 하려면 어떻게 해야 할까요? 이전에는 미처 생각하지 못했던 윤리적 이슈에 직면해 고심할 엔지니어에게 임베디드 에틱스를 가르치는 관점에서 교수님의 의견을 공유해주실 수 있을까요?

◆ **미킨스** 네, 그럼요. 저희는 혼란스러워하는 학생들의 생각을 바꾸기 위해 노력하고 있습니다. 임베디드 에틱스의 목적은 니체가 생각한 것과 같은 주제에 대해 완벽한 논문을 쓸 수 있는 엔지니어를 배출하는 것이 아닙니다. 저희가 이 과정을 통해 지향하는 중요한 목적은 사람들에게 질문하는 법을 가르치는 것이죠. 저는 특히 윤리적 논리와 철학이 다가가기 어려운 분야로 여겨지는 이유 중 하나는 대부분 질문에 대한 명확한 답이 없기 때문이라고 생각합니다. 그것이 많은 엔지니어들

임베디드 에틱스의 목적은
사람들에게 **질문하는 법을**
가르치는 것이죠.

에게 좌절감을 주는 요인이 되지요. 저 또한 학생 시절에 같은 입장이었고요. 그때 제가 들은 수업을 떠올려보면, 교수님들은 아마 이러셨겠죠. "여기 숫자 배열을 오름차순으로 정렬해보세요." 이런 과제라면 답이 맞았는지 틀렸는지 정확히 알 수 있습니다. 목록이 순서대로 잘 정렬되었는지만 확인하면 되니까요.

하지만 소셜 미디어에서 게시물의 우선순위를 결정하는 알고리즘이 갈등을 일으키거나 부정적인 감정을 유발한다면 어떻게 해결해야 할까요? 이 문제의 답은 명확하지 않습니다. 누군가가 "대다수 사람들이 이 비디오게임에는 대표 캐릭터가 없다고 생각한대"라고 말할 경우, 그것은 진짜 대표적인 의견이 맞을까요? 혹은 그 말을 믿는다면 우리가 무엇을 어떻게 해결하는 것이 좋을까요? 그렇다면 이 게임은 서로가 서로의 것을 차지해야만 이길 수 있는 제로섬 게임이라고 생각해야 할까요? 혹은 캐릭터의 방식을 바꾸면 그것을 대표 캐릭터라고 느끼는 특정한 유저들이 나타날까요?

그래서 저는 이와 같이 옳고 그름이 명확하지 않다는 점이 엔지니어들로 하여금 '아, 그만하고 싶다. 이런 모호한 것을 배우러 학교에 온 게 아닌데'라고 생각하게 만든다고 여깁니다. 하지만 저희가 임베디드 에틱스를 통해 학생들이 생각해보도록 권유하는 내용은 바로 질문을 하게 하는 것입니다. 이해관계자가 누구일까? 성공 여부는 어떻게 평가할까? 성공을 어떻게 정의해야 할까? 이렇게 질문하는 것 자체가 중요합니다. 이러한 질문들이 대화를 시작하게 하고, 이 대화가 영향력을 발휘할 수 있기 때문입니다.

기본적으로 조직에서 윤리적 추론을 담당하는 사람들이 해야 할 역할이 있습니다. 병원 조직에서 의사뿐 아니라 생명 윤리나 철학을 전공한 사람도 윤리 위원회에 포함시키는 이유와 같다고 할 수 있겠죠. 엔지니어가 까다로운 문제에 부딪혔을 때 혼자서 의사 결정을 내려야 하는 상황을 만들고 싶지 않기 때문입니다. 하지만 동시에 저는 대화 안에서 엔지니어도 중요한 몫을 담당해야 하고, 그것이 핵심이라고 생각합니다.

물론 저희는 엔지니어가 임베디드 에틱스 프로그램을 수강한 후 '이제 난 윤리에 대해 모르는 게 없어. 전문가의 도움도 필요 없지' 하고 생각하기를 바라지는 않습니다. 저희가 의도하는 바는 첫 번째로 엔지니어 스스로 질문을 던지는 것, 두 번째로 문제를 제대로 이해하고 다루기 위해 필요한 기본 언어를 갖추는 것, 세 번째로 특정 상황에서 외부의 도움이 필요하다는 것을 인정하고 표현할 수 있는 것입니다. 엔지니어로서 윤리 위원회를 찾아 문제를 제기하거나, 윤리, 문화, 다양성 또는 경제 분야에 관련된 전문가를 초빙해 함께하는 것을 고려한다면 바람직한 방향이 되겠죠.

그리고 또 한 가지 임베디드 에틱스에 함께하는 학생들에게 강조하는 것이 있습니다. 최근의 미디어나 정치인은 종종 엔지니어들의 자신감을 크게 북돋아 주곤 합니다. 윤송이 님도 정치인이 "우리는 더 많은 STEM과학·기술·공학·수학 융합 교육 전공자가 필요합니다. 엔지니어가 바로 우리 사회의 미래입니다"라고 말하는 것을 보신 적이 있으실 거예요. 컴퓨터 과학자로서 좁은 관점으로 보면 참 좋은 일입니다. 제 직업이 사회적으로 가치 있다는 말이니까요. 하지만 그런 말은 자칫 엔지니어에게 '모든 것은 기술적으로 해결할 수 있다'고 생각하게 만들 위험도 있습니다. 제가 프로그램을 배우는 학생들에게 강조하고 싶은 것 중 하나는, 공학은 위대하지만 모든 것은 연결되어 있다는 사실입니다. 그러니까 본인이 만든 시스템이 미칠 영향력을 생각한다면 윤리학자와 사회학자의 말을 충분히 고려해야 한다는 것입니다. 다시 한번 말하지만, 우리 엔지니어들은 인류의 삶에 폭넓은 영향을 미치는 '사회 기술적' 시스템을 만들기 때문이에요. 그 영향은 단순히 기술적 수준에서만 그치는 것이 아니니까요.

● **윤** 교수님의 말씀에 전적으로 동의합니다. 저도 컴퓨터 과학 전공자로서 지속적으로 마주하는 일이기도 합니다. 윤리적인 질문을 생각하면 생각할수록 어렵게 느

공학은 위대하지만

모든 것은 연결되어 있다는 사실입니다.

껴지는 이유를 잘 말씀해주신 것 같아요. 그저 '무엇이 맞다, 틀리다'라고 말하는 것은 명확한 일처럼 보이지만, 조금만 더 생각해보면 옳고 그름의 경계를 구분 짓는 것은 굉장히 어려운 일이니까요.

방금 비디오게임 캐릭터의 사례를 언급하셨는데, 저 또한 비슷한 상황을 겪은 적이 있습니다. 저는 게임 속 영웅 캐릭터를 만들 때 성별이나 인종에 대해 공정한 대표성을 표현하는 것이 좋은 일이고, 그것이 옳다고 생각했어요. 하지만 이후에 '그것이 왜 더 나은지, 왜 더 옳은지' 같은 의구심을 갖게 되었죠. 그리고 한 걸음 더 나아가 제 생각이 분명하지 않을 수 있다는 걸 깨닫게 되었습니다.

게다가 상황을 더욱 복잡하게 만드는 것은, 30년 전에 옳은 일이었던 것이 현시점에도 여전히 옳은 것이 될 수는 없다는 사실이죠. 1960년대에 미국 대법원에서 내린 판결이 오늘날의 도덕적 기준으로는 완전히 잘못된 것으로 간주되기도 하니까요. 저는 대법원 같은 기관은 관점이나 기준의 변화를 반영해야 한다고 생각합니다. 기존에 결정되고 적용된 것을 다시 검토하고 사회적으로 필요한 담론을 이끌어낼 수 있도록 말이지요.

이와 관련해 교수님의 의견을 여쭙고 싶은 부분은 이것입니다. 엔지니어들이 주체적 관점을 가져야 한다는 입장에서 우리가 이러한 문제와 사회적 함의를 계속 이야기해나가기 위해 사회적으로, 혹은 정부 기관이 현시점에 맞게 유념해야 할 사항이 있다면 무엇일까요? 컴퓨터 과학 분야를 선도하고 계신 교수님께서 사회적으로 강조하고자 하는 내용이 있다면 말씀 부탁드립니다.

임베디드 에틱스의 궁극적인 목표

◆ **미킨스** 아주 중요한 질문이군요. 제 답변을 몇 가지로 정리해보겠습니다. 일단 제가 중요하다고 생각하는 것 중 한 가지는 철학적, 도덕적 분석의 목적이 어떤 결정에 대한 옳고 그름을 명확하게 가리기 위한 게 아니라는 점입니다. 실제로 어떤 엔지니어도, 심지어 어떤 철학자도 분명하게 판단할 수 있는 건 흔치 않아요. 이 점은 저희가 임베디드 에틱스를 통해 전달하고자 하는 중요한 주제입니다. 즉 윤리학자 여러 명에게 똑같은 상황을 보여준다고 할 때 모두가 그것이 옳은 것이라고 동일하게 판단할 가능성은 거의 없다는 것이죠.
그럼에도 윤리적 질문을 하는 것이 중요한 이유는 옳고 그름에 대한 개념이 우리의 가치에 뿌리를 두고 있기 때문입니다. 윤송이 님과 저 역시 어떤 행위의 옳고 그름에 대한 판단이 동일하지 않을 수 있습니다. 우리가 같은 가치를 공유하지 않는다면 말이죠. 저희가 임베디드 에틱스를 통해 학생들에게 전하고자 하는 핵심 사항 중 하나가 바로 엔지니어 스스로 자신의 가치가 무엇인지 분명하게 말할 수 있는 능력입니다. '우리가 이렇게 하는 게 맞는 것 같은데, 왜 그것이 맞는지는 잘 모르겠다'면 일단 왜 그런 상황이 일어났는지 실제로 구체화할 수 있어야 합니다. 자신이 어떤 가치를 우선시하는지, 상대가 우선시하는 가치는 무엇인지도 이해해야 하고요.

특히 여러 명의 이해 당사자가 있을 때는 더욱 혼란스러운 상황이 발생합니다. 가치관이 서로 다른데도 의사 결정을 내릴 때 그 가치를 공유하지 않는다면 옳고

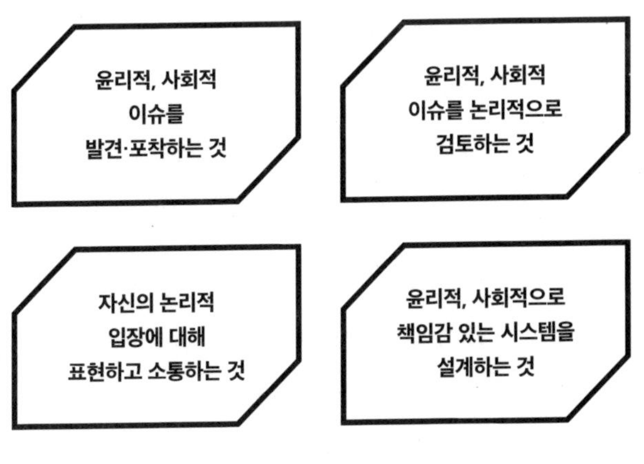

임베디드 에틱스 모듈의 목적

그름을 논의하는 데 마찰이 생기는 것이죠. 즉 윤리적 추론의 목표는 '이것만이 옳은 것이다'라는 이분법적 결정에 달려 있지 않다는 것을 이해하고, 그에 따라 행동하는 것이 필요합니다. 바로 이 지점에서 엔지니어, 특히 컴퓨터 과학자가 좌절할 수 있어요. 우리는 명확한 답을 추구하며 이진법을 사용하는데, 불행히도 우주가 이를 따르지 않으니까요. 그래서 우리는 스스로가 우선시하는 가치에 대해 명확하게 생각하고, 그것이 의사 결정의 근거가 될 수 있는지 계속 확인해야 합니다.

그리고 마지막으로 드리고 싶은 말씀은 이것입니다. 특히 엔지니어들 사이에서 사회적 또는 윤리적 문제에 대해 아예 어떤 입장도 취하지 않는 방식으로 이 문제를 회피하려는 암묵적 견해가 있을 수 있습니다. 하지만 그건 완전히 잘못된 태도라고 생각해요. 실존주의 철학자들은 결정하지 않는 것 또한 결정이라고 말합니다. 가령 당신이 어떤 일이나 사회문제에 관여하지 않기로 결정하는 것은 곧 암묵적으로 현재 상태를 유지하겠다는 의견을 지지한다는 의미라는 것이죠.

제가 철학에서 가장 좋아하는 교훈이 있습니다. 키르케고르라는 실존주의 철학자가 한 말입니다. 그는 기본적으로 우리를 배의 선장에 비유했습니다. 그는 우리가 방향타를 잡고 움직여야 하는 선장인데, 그 방향타를 가만히 두기로 결정했다면 바람이 우리를 어떤 해안으로든 데려갈 것이라고 표현했어요. 즉 특정한 방향을 결정하지 않는 행위라고 해도 결국은 배를 멈춰 서 있게 하는 것이 아니라 어딘가로 나아가게 하는 것이며, 그에 따른 결과가 발생할 것이라는 의미입니다. 저는 종종 엔지니어들이 "나는 이 토론에서 빠지고 싶어. 그냥 코딩만 할래"라고 말하는 것을 듣곤 합니다. 그 말은 곧 그들이 직접 설계한 기기나 시스템이 야기할 사회적 결과에서 자기만 발을 뺄 수 있다고 생각하는 지나친 특권 의식의 발로라고 봅니다. 이에 대해 엔지니어들이 자신의 책임을 반드시 기억하고 행동하기를 당부하고 싶습니다.

● **윤** 네, 중요한 말씀 감사합니다. 교수님께서 강조하시는 내용이 임베디드 에틱스 프로그램에 그대로 녹아 있다는 생각이 듭니다. 하버드는 임베디드 에틱스 교육과정이 단지 교내에 머무르는 것이 아니라 더 널리 퍼져 나가, 보다 많은 젊은 엔지니어와 컴퓨터 과학자가 이 교육과정을 알게 되고, 그들이 이처럼 중요한 윤리적 접근 방식을 이해하고 배울 수 있도록 지속적인 노력을 기울이는 것으로 알고 있습니다. 교수님께서도 임베디드 에틱스의 리더로서 여러모로 애쓰고 계실 텐데, 이에 대해 조금 더 설명해주실 수 있을까요?

◆ **미킨스** 네, 저희는 같은 생각을 하는 다른 학교들과 컨소시엄으로 함께 일하면서 교육학적 아이디어를 제공하고 있으며, 이 과정에서 어떤 것이 효과가 있고 없었는지에 대해서도 공유하고 있습니다. 저희는 몇 개의 오픈 소스 교육과정을 운영하고 있어요. 데이터베이스, HCI◇ 수업 등과 접목된 모듈 혹은 윤리학 강좌는 누구나 수강할 수 있습니다. 학생들이 다른 사람들의 접근 방법을 시도해보고 그들에게 잘 맞는 것을 발견하도록 돕기 위해서죠.

또한 컴퓨터 과학 외의 학문과도 연계하기 위해 노력하고 있습니다. 저희는 초창기에 경영 대학, 의과 대학과도 협력했어요. 윤리 문제는 이런 분야에서도 발생하니까요. 그러면서 저희는 많은 경우 기술이 윤리적 측면에서 발생하는 위험 요소를 감소시킬 수도 있고 반대로 증가시킬 수도 있는 요소로 작용한다는 사실도 발견했습니다. 경영 대학과 함께 일하면서 초기에 아주 많은 대화를 나눴던 기억이 납니다. 예를 들면 '기술 스타트업은 무엇을 고려해야 하는지'와 같은 것들에 대해, 스타트업이 '사용자층을 확대하거나 초반 구독

◇ HCI(Human-Computer Interaction)란 컴퓨터 시스템과 컴퓨터 사용자인 인간의 상호작용을 향상시키는 데 효과적인 방법을 중점적으로 연구하는 학문 분야로, 컴퓨터 시스템을 사용하는 데 있어 최적의 사용자 경험이 무엇인지 탐색하고 개발하는 것을 목적으로 한다.

수를 늘리기 위한 방안'과 '사용자 기반을 확대해나갈 때 도덕적 측면에서 우려되는 것' 사이에서 생각의 균형을 어떻게 맞춰야 할지 등에 대해서 말이죠. 이와 같이 저희는 가능한 한 기술을 논의하는 모든 곳에서, 그 기술 창조의 과정에 따라 발생할 광범위한 사회적 영향에 대해 대화를 나눌 수 있기를 바랍니다.

현대사회에 필요한 엔지니어: 더 나은 삶을 코딩하다

윤송이_● 윤　　제임스 미킨스_◆ **미킨스**

● 윤　지금까지 교수님의 생각과 열정이 오롯이 담겨 있다고 할 수 있는 하버드의 임베디드 에틱스를 중심으로 이야기를 나누어보았습니다. 이제 범위를 조금 더 넓혀 우리가 사는 세상에서 볼 수 있는 엔지니어의 모습과 지향점에 대해 살펴볼까 합니다. 저는 IT 기업의 CEO를 종종 만나는데, 이야기를 나누면서 놀랄 때가 많습니다. 윤리적 결정이 필요한 문제에 대해 누가 결정을 내려야 하는지 의견이 매우 다양하거든요. 그중에서도 자주 듣는 말은 "이것은 엔지니어가 결정할 일이 아닙니다. 윤리학자나 다른 사람들의 몫이죠", "엔지니어는 가장 효과적인 알고리즘을 만들고 기술 최적화에 집중

하면 됩니다" 같은 이야기입니다.

여기에 대해 미킨스 교수님의 의견이 듣고 싶습니다. 컴퓨터 과학과 AI의 활용 범위가 확대되면서 업계의 환경이 변화했다고 생각하시는지요? 현 사회 구성원들이 엔지니어링의 사회적 의미를 보다 넓은 관점에서 바라볼 수 있도록 하기 위해 우리는 무엇을 할 수 있을까요?

설계 단계부터
윤리적 이슈를 고려하는 엔지니어

◆ **미킨스** 저희가 함께 바라보아야 하는 중요한 부분을 말씀해주셨네요. 네, 맞아요. 저희는 가끔 그런 반발의 메시지를 듣게 됩니다. 어쩌면 업계 사람들뿐 아니라 학생들도 이렇게 말하고 싶을 거예요. "철학은 별개의 분야야. 이런 걸 탐구하고 싶으면 철학을 전공해야겠지. 하지만 나는 코딩을 공부하고 싶고, 그게 내가 할 일이야." 하지만 글쎄요. 의학 분야를 예로 들어볼게요. 맥락상 아주 흥미로운 유사점이 있거든요. 우리는 그저 혈액 검사지를 읽을 줄만 아는 의사를 선호하나요, 아니면 보다 전체적인 관점에서 환자를 바라볼 수 있는 의사를 만나기를 원하나요? 특정 환자에게 어떤 치료가 필

요한지, 어떤 방법이 가장 적합한지 등을 고려해야 할 때 말이에요. 이런 것은 그저 심장이나 뇌 혹은 폐의 작동 원리를 이해한다고 알 수 있는 게 아니에요. 더 큰 그림을 볼 줄 알아야 하죠.

같은 방식으로 여러분이 엔지니어라면 공학을 기본적으로 배우는 것이 중요합니다. 기술 설계 엔지니어라면 다리 설계하는 법을 배울 것이고, 컴퓨터 과학자라면 알고리즘의 러닝 타임을 배우죠. 하지만 그 과정에서 윤리적 논의가 필요한 문제를 다루지 않고 나중으로 미루면, 결국 중요한 문제를 고려하지 않은 시스템이 탄생할 것입니다. 그러면 시스템이 구축된 후에 갑자기 재난을 겪는 경우가 많아지는 것이죠. 그러고 나서야 "우리가 뭘 다르게 할 수 있었을까?" 하고 논의하게 됩니다. 제 생각에 그 질문에 대한 답은 바로, 엔지니어가 본인이 구축하는 시스템의 영향을 검토하고 성찰하는 데 좀 더 많은 시간을 할애했어야 한다는 것입니다. 그런 맥락에서 저는 대기업뿐 아니라 중소기업에서도 윤리 문제를 깊이 다루는 전문가나 위원회를 두어야 한다는 데 전적으로 동의합니다. 하지만 제가 언급한 윤리적 관점에서 이루어지는 성찰에 대한 대화는 시스템 설계 단계에서도 충분히 할 수 있어요. 앞서 제가 말씀드린 것처럼 재난은 발생한 후가 아니라 그 이전에, 처음부터 막는 게 더 쉬운 법입니다.

예를 들어 소셜 네트워크에 퍼진 잘못된 정보를 생각해보세요. 지금은 우리 모두 이 문제가 얼마나 심각한지 잘 알고 있고, 어떻게든 고쳐야 한다고 생각하죠. 하지만 만약 엔지니어가 처음부터 약간의 도덕적 상상력을 펼쳤다면 어땠을까요? 정보 전달 시스템을 위한 도로를 깔고 인프라를 구축할 때 말이에요. 아마 그때가 관련된 문제를 깊이 생각해보고, 해결을 위해 필요한 안전장치를 설치할 적기였을 거예요. 엔지니어가 "일단 뭐라도 하자. 그럼 시장에서 어떻게든 되겠지" 혹은 "윤리 위원회에서 잘못을 지적해주세요"라고 말하는 대신에 말이죠.

아무튼 이제 이런 태도는 점점 더 지속하기 어려운 것 같아요. 단지 연구실이나 매우 제한된 환경에서 소수의 사람들만 사용할 무언가를 만드는 것이 아니니까요. 수백만 명, 수십억 명의 사람들이 사용할지도 모를 제품, 운영체제os, 소셜 네트워크, 게임을 만드는 것은 완전히 다른 차원의 일입니다. "내가 만든 제품이 세상에 얼마나 큰 영향을 미칠지 정말 기대돼"라고 말하는 동시에 "내가 만든 시스템이 세상에 어떤 깊은 의미를 가져올지 별다른 책임감은 느껴지지 않아"라고 한다면 너무 무책임한 것이죠. 그래서 점점 더 많은 회사, 적어도 대기업은 이러한 관점을 고려해서 일종의 내부 윤리 심사 위원회 혹은 그와 유사한 조직을 두기 시작했습니다. 긍정적인 변화라고 생각해요. 여기에 더불어 저희는 임베디드 에틱스 프로그램이 학생들뿐 아니라 현장의 주니어급 엔지니어들에게도 보다 넓은 관점의 윤리적 과제에 대해 생각하고 질문할 수 있도록 힘을 키워주기를 바랍니다.

윤리적 책임 앞에 선 엔지니어

● **윤** 동의합니다. 그러나 우려가 되는 점도 분명히 있다고 봐요. 윤리학자들이 함께하는 윤리 위원회를 두는 것은 물론 좋은 일입니다. 하지만 여러 정보와 아이디어가 매우 복잡하게 구조화되어 전파되는 소셜 네트워크 분야에서는 어떤 것이 오랫동안 변함없이 좋은 영향을 미칠지 예측하기가 정말 어렵잖아요. 관심사가 비슷한 사람들끼리 모일 수 있다는 건 꽤 좋은 아이디어처럼 느껴지지만, 그러한 기술적 설정이 가능해진 수십 년 후 미국 대선에서 정치적 기조를 지나치게 양극단으로 갈라놓고 상호 간 대화조차 불가능하게 만들어버리는 에코 체임버echo chambers가 등장할 줄 누가 알았을까요?[1] 마찬가지로 인터넷상에서 알고리즘의 추천에 따라 자신이 선호하는 정보에만 편향적으로 노출되는 까닭에 점점 더 많은 사람들이 실재하는 것이 무엇이고

가짜 뉴스가 무엇인지 가려내지 못하게 되거나, 현실 세계의 더 넓은 맥락에서 상황을 바라보지 못한 채 왜곡된 인지를 보이는 경우도 늘고 있어요.

저는 어떤 사건이 발생했을 때 윤리 위원회가 결정을 내릴 수는 있다고 생각합니다. 그 결정이 적절한지 주장하려면 양질의 정보가 뒷받침되어야 하겠죠. 그렇지만 에코 체임버 현상에서 확인할 수 있는 것처럼 추후 윤리적으로 큰 영향을 미칠 수 있는 영역이 무엇인지 초기 시점에서부터 인식하거나 예측하는 것이 어렵다면, 별도의 윤리 위원회가 덧붙일 수 있는 가치는 상당히 제한적일 수 있다고 생각합니다. 이런 상황에서 기업의 기술적 노력에 적절한 방어책을 제공할 효과적인 구조를 만들기 위해 할 수 있는 일은 무엇일까요?

◆ **미킨스** 훌륭한 질문입니다. 오늘 저희가 함께 나누는 대화에 관심을 갖고 있는 미래의 엔지니어에게 분명하게 말씀드리고 싶은 점은, 재난이란 언제든지 일어날 수 있다는 것입니다. 가능성이 항상 열려 있어요. 사람들이 흔히 말하는 것처럼, 우리가 다루는 시스템은 실제로 어떤 일이 발생하기 전까지는 무엇이 문제인지 명확하게 드러나지 않습니다. 저는 이것이 사실이기 때문에 하나의 전제로 받아들이고자 합니다. 하지만 이 사실이 우리에게 알려주는 것은, 그렇기 때문에 제품을 설계할

때부터 윤리적 사안에 대한 고려를 더 크게 염두에 두어야 한다는 것입니다. 그리고 제품이 승인됐을 때 설계 단계에서 윤리적 부분에 대한 조사와 검사를 했다고 해서 모든 것이 잘될 것이라 자신해서도 안 되고요.

예를 들어 엔지니어링 분야의 지속적 통합◇에 대해 생각해보세요. 지속적 통합이란 무엇일까요? 이는 '엔지니어는 실제 완성된 제품을 절대로 가질 수 없다'는 생각에서 비롯된 것입니다. 엔지니어는 주기적으로 업데이트를 하고 작동 방식을 조정합니다. 그렇게 함으로써 뛰어난 엔지니어는 엔지니어링 매트릭스의 가용성과 성능을 확인하는 작업을 이어갑니다.

이제 우리는 기술의 사회적 영향에 대해서도 이와 같은 방식으로 생각할 필요가 있다고 봅니다. 사전에 이해관계자가 누구인지, 제품의 부정적 영향이나 사회적으로 잠재된 위험이 무엇인지 아무리 열심히 조사하더라도 현실 상황에서는 종종 놓치는 경우가 많기 때문이에요. 우리는 인간이고, 실수할 수 있습니다. 다만 중요한 것은 그 실수를 바로잡는 데 열려 있어야 하는 것입니다.

◇ 지속적 통합(continuous integration)은 오늘날 소프트웨어 엔지니어링에서 널리 사용하는 방식으로, 모든 개발자의 작업 복사본을 하루에도 수차례 공유 메인 라인에 병합하는 작업을 일컫는다.

“

우리는 언제나 실수를 할 것이고,
그걸 막을 수는 없을 거예요.
다만 사회적 측면에서
무엇이 옳고 옳지 않은지에 대한
추론을 해나가야 한다는 것이죠.
지속적으로요.

”

소셜 미디어를 예로 들면 사실 우리 시스템을 운영하는 방식을 크게 바꿀 만한 수많은 데이터가 이미 발견되었습니다. 윤송이 님도 〈월 스트리트 저널〉에서 보셨을 텐데, '페이스북 파일'이라고 불리는 탐사 보도 기사가 연달아 실린 적이 있습니다. 페이스북 내부에 엄청난 분량의 데이터가 축적되어 있다는 내용이었죠. 일례로 어린 여성들이 인스타그램을 살피며 자신의 생김새를 부정적으로 생각한다는 내용이 포함되어 있었고, 윤송이 님이 조금 전에 말씀하신 정보도 있었어요. 페이스북이 수집한 에코 체임버에 관한 데이터죠. 이 기사는 기술적인 알고리즘 조작이 잘못된 정보를 확산하는 과정을 보여주는 자료였어요. 이런 자료 앞에서 관계자들은 "제품이 나오기 전에 우리가 모든 걸 예측할 수는 없어"라고 말할 겁니다. 그건 맞는 말이에요. 엔지니어로서 받아들여야 할 말이고요. 우리는 언제나 실수를 할 것이고, 그걸 막을 수는 없을 거예요. 다만 사회적 측면에서 무엇이 옳고 옳지 않은지에 대한 추론을 해나가야 한다는 것이죠. 지속적으로요.

또 한 가지 강조하고 싶은 부분은 많은 사람들, 특히 회사에 있는 분이나 고위 관계자는 이렇게 말할 가능성이 높다는 거예요. "이 시스템은 정말 너무 복잡해요. 우리가 무엇을 판단해야 할지 대체 어떻게 알 수 있나요?" 하지만 '페이스북 파일' 기사가 우리에게 알려주는 것은 측정 가능한 정보가 매우 많다는 사실입니다. 우리에게 미치는 영향이 긍정적인지 부정적인지 어떻게 해석해야 할지도 꽤 명확하고요. 여기서 주목해야 하는 것은 엔지니어가 단순히 윤리적 추론을 하는 것만으로는 충분하지 않다는 것입니다. 윤리 자문 위원회도 물론 중요하고요. 꼭 필요해요. 하지만 충분하진 않아요. 그 무엇보다 중요한 것은, 우리가 이야기하는 이러한 윤리적 고려 사항을 당연한 것으로 받아들이는 리더십이 있어야 한다는 점입니다. 조직에 그러한 리더십이 없다면 대다수 사람들은 '이런 문제가 있는데, 우리가 할 수 있는 게 뭐지?'라고만 생각하게 될 거예요. 다른 사람들이 애써 노력을 이어간다 해도, 고위 관계자가 별 신경을 쓰지 않는다면 변화는 일어나기 어려울 것입니다.

에코 체임버[2]

Echo Chamber

반향실反響室 효과, 메아리방 효과로도 번역되는 '에코 체임버'는 20여 년간 '집단 극단화 현상'을 주로 연구해온 하버드 로스쿨 교수 캐스 선스타인Cass Sunstein이 제시한 용어다. 비슷한 생각을 가진 사람들이 모여 있는 밀폐된 시스템에서만 의사소통이 이루어져, 유사한 생각을 반복해 들으면서 자신의 신념이 강화되고 그에 따라 여러 정보 가운데서도 입장이 같은 정보만 선택적으로 되풀이해서 수용하는 현상을 비유적으로 가리킨다. 온라인 미디어, 특히 소셜 네트워크 서비스나 특정 성향 사람들만 가입 가능한 온라인 커뮤니티에서 발생할 가능성이 높으며, AI 알고리즘 기술 향상에 따른 개인 맞춤형 정보 제공이 활발해지면서 더 많은 사람들이 자기가 선호하는 콘텐츠만 반복해서 접하는 경우가 늘어남에 따라 최근 더욱 이슈가 되고 있다.

자신과 다른 의견에는 귀 기울이지 않고 자기 구미에 맞는 정보만 옳은 것으로 수용하고 신뢰하는 인지 편향을 강화함으로써 극단주의로 연결될 위험성을 지니고 있으며, AI 기술을 활용한 가짜 뉴스가 확산될 경우에도 이를 검증하거나 거르는 것이 거의 불가능하기 때문에 문제가 증폭된다. 애초에 선스타인 교수가 이 단어를 사용한 것도 2000년 미국 대선에서 맞붙은 엘 고어와 부시 지지자 간 정치적 대립이 지나치게 양극화되어 분열과 갈등이 심각해진 것을 지적하기 위해서였으며, 2016년 미국 대선에서 나타났던 힐러리 클린턴과 도널드 트럼프 지지자 간 극단적 대립 또한 에코 체임버 효과에 의한 것으로 바라보는 경우가 많다.

페이스북 파일[3]

The Facebook Files

2021년 〈월 스트리트 저널〉은 '페이스북 파일The Facebook Files'이라는 제목의 탐사 보도 시리즈 기사를 발표했다. 총 17편에 걸쳐 페이스북 내부 문건을 분석·정리한 이 기사들 중에는 페이스북이 수익을 창출하기 위해 저작권을 침해한 콘텐츠를 의도적으로 내버려두었다거나, 마약 카르텔과 인신매매범의 활동을 방치한 사실 등 충격적인 내용이 포함되어 있어 많은 사람들을 놀라게 했다.

그중에서도 AI 기술과 관련된 내용을 눈여겨볼 필요가 있다. 일반적으로 페이스북은 타임라인에서 유해하거나 불필요한 정보를 제거하기 위해 AI 기술을 사용하는 것으로 알려져 왔다. 혐오 발언 혹은 차별적 내용이 포함되어 있거나 폭력적, 선정적인 게시물을 AI가 검토해 차단한다는 의도였는데, 〈월 스트리트 저널〉이 밝힌 바에 따르면 실제로 페이스북의 AI는 정상적인 게시물과 문제가 있는 게시물을 거의 구별하지 못했다는 것이다. 페이스북 내부 보고서에 의하면 페이스북 자체 AI는 규정에 어긋나는 혐오성 게시글의 2% 정도만 삭제 가능했고, 나머지는 사람이 직접 검토하는 방식으로 해결하려 했으며, 이를 위해 일주일에 약 200만 달러를 지출했다고 한다.

또 페이스북은 '좋아요'를 이용해 타임라인에 표시될 정보를 결정하는 과정에서 '좋아요'에 1점, '싫어요'에 5점을 부여함으로써 사람들이 부정적 반응을 더 크게 보인 게시글이 오히려 더 상단에 노출되도록 고안했다는 사실이 드러났다. 이외에도 '크로스 체크Cross Check' 또는 'X체크X-Check'라 불리는 프로그램을 통해 580만 명가량의 페이스북 셀러브리티를 별도로 관리하면서 특권을 제공하고 엄격한 검열 규칙에서 제외해주었으며, 인스타그램 사용이 10대 청소년의 정신 건강에 해로운 영향을 미친다는 내부 연구 결과를 묵살했다는 것도 알려졌다.

물론 페이스북은 이에 대해 즉각 성명을 내고 허위 주장이라고 반박했지만, 이처럼 온라인 시스템과 AI 등 첨단 기술을 둘러싸고 발생하는 문제는 단순 명확한 답을 내기가 쉽지 않으며 옳고 그름의 경계가 모호한 까닭에 지금도 '페이스북 파일'이 불러일으킨 논쟁은 이어지고 있다.

새로운 시대를 최적화하는 엔지니어

윤송이_● 윤　　제임스 미킨스_◆ 미킨스

● 윤　엔지니어링 과정에서 윤리적 관점을 충분히 통합하는 것은 그러한 시야를 갖춘 리더십에 좌우된다는 말씀에 전적으로 동의해요. 하지만 엔지니어와 윤리 위원회뿐만 아니라 이 과정에 연관되어 있는 우리 모두가 윤리적 문제에 더 많은 주의를 기울이고 사회적 영향력에 대해 생각하는 습관을 기르는 것도 중요하다고 봅니다.

컴퓨터 과학자나 공학 전공자에게 엔지니어링의 가장 기본적인 요소는 '최적화'일 것입니다. 저희와 같은 엔지니어들은 항상 특정 목적에 맞게 시스템을 최적화하도록 훈련되어왔지요. 이 과정은 실행 속도를 높이며 시스템의 효율성을 높일 수 있습니다. 객관적인 수치로 표현되어 파악할 수 있다는 것도 장점이 되겠지요. 하지만 이제 윤리적 추론을 포함해 다른 변수들도 고려해야 한다면, 기존 변수에 최적화되지 않은 시스템이나 알고리즘이 나타날 수 있을 것입니다. 그렇다면 이것은 우리 엔지니어들이 다양한 방법을 받아들여야 한다는 의미일까요? 공학적으로 보았을 때 최적화되지는 않았지만, 그래도 이것이 최선책이라면요. 이러한 방향은 객관적으로 무언가를 최적화하도록 교육받았던 전통적인 공학 교육과는 다른, 매우 큰 변화인 것 같습니다.

◆ **미킨스** 네, 정확하게 말씀해주셨어요. 어떤 의미에서 '구舊시대의 엔지니어들'에게 이러한 방식은 엔지니어링의 개념을 완전히 재배치하는 것처럼 느껴질 수 있죠. 이는 커다란 변화가 맞습니다. 반발도 많으리라 생각합니다. 대부분의 엔지니어들이 걱정하고 있으니까요. 그러나 어떻게 반응하는 것이 온당한지 평가할 수는 없습니다. 추상적으로 중요하다고 생각하지만 공학적으로 구체화하지 못하는 모호한 것, 다양성 같은 것을 제가 측정할 수는 없으니까요.
하지만 제가 흥미롭게 생각하는 부분은, 여러분이 광고와 타기팅targeting으로 많은 돈을 버는 회사를 볼 때 그 회사의 어느 누구에게서도 이런 말은 못 들을 것이라는 점이에요. "세상에, 광고 타기팅은 너무 복잡하니까 저희는 그냥 손 떼겠습니다. 도저히 어떻게 할 수가 없네요" 같은 말들이요. 그들은 어떻게든 애매한 개념을 받아들일 방법을 찾아요. 일단 측정 가능한 광고 클릭률부터 시작해서, 단지 그 숫자에 머무르기보다는 과연 그 수치가 정말 사람들에게 가장 좋은 광고라는 의미인지 질문하는 방식으로요. 이 광고가 정말 최선인지, 혹은 그 최선이라는 것을 어떻게 정의할 수 있는지 꼼꼼하게 묻는 것이죠. 사실 이렇게 큰 기술 회사들은 이런 거대 프로그램을 설계 운영하는 데 말 그대로 수십억 달러를 쏟아붓습니다.

또 우리가 분명히 주지하고 있는 사실은 규모가 크든 작든 기술 회사는 일반적으로 문제가 닥쳤을 때 피하지 않는다는 것입니다. 그것이 기술 회사의 대단한 점이죠. 제가 기술에 열광하는 이유이기도 하고요. 저희 같은 기술자들은 지메일 같은 이메일 서비스를 확장성이 좀 더 뛰어난 방식으로 제공하거나, 웹사이트에서 몇 초 안에 수십만 페이지 뷰를 제공하는 인터넷 인프라를 구축하는 것을 꿈꿉니다. 물론 이와 같은 일은 매우 도전적이고 어려운 과제죠. 그러나 제가 엔지니어로서 좋아하는 일은 그렇게 위험을 향해 달려가는 것입니다. 우리는 이렇게 말해야 합니다. "이것은 어려운

“

우리는 이렇게 말해야 합니다.

“이것은 어려운 문제지만

잘될 것이고,

우리는 결국 해결책을

찾아낼 거야”라고요.

”

문제지만 잘될 것이고, 우리는 결국 해결책을 찾아낼 거야"라고요.

물론 사회에 유익한 기술을 개발해내는 것은 분명히 쉽지 않은 문제지만, 그저 수량화하기가 어렵다고 해서 이 문제를 피해야 할 이유는 없다고 생각합니다. 예를 들어 실시간 광고 수신 네트워크의 인프라를 생각해보세요. 자연어 번역을 위한 머신러닝 알고리즘도 그렇고요. 현대의 엔지니어링이 이미 구축한 웹 브라우저나 운영체제, 게임 등의 시스템은 보통 수백만 줄, 때로 수십억 줄의 코드로 구성되어 있습니다. 이런 시스템이 잘 배포되어 있기 때문에 오늘날 우리가 인터넷 라우팅 인프라 같은 것에 기대어 살 수 있는 거죠. 이것은 분명 복잡한 시스템입니다.

한 엔지니어가 저에게 이렇게 말한 적이 있어요. "저는 이런 사회문제가 너무 불분명해서 최적화하는 방법을 모르겠습니다. 저는 더 간단한 작업을 하고 싶어요"라고요. 하지만 그건 안 됩니다. 현대사회는 복잡하니까요. 이러한 제 견해에 대해 '구시대의 엔지니어들'에게 반발하는 의견을 들을 때도 있습니다. "과거에는 정보가 처리되는 양에만 집중할 수 있었고 그걸로 충분했어요. 그때가 훨씬 더 간단했죠. 지금처럼 이런 기술이 없었으니까요." 그러나 구시대의 의사들이 예전에는 민간요법 차원의 단순한 치료법을 사용했지만 오늘날처럼 인체의 작동 방식과 의술에 대한 이해가 더욱 깊어진 시대에는 민간요법을 포함한 수많은 치료법 중에서 필요한 기술을 조절해 활용할 수 있도록 발전해온 것처럼, 저는 엔지니어들의 상황도 그와 마찬가지라고 생각합니다.

우리가 사는 세상은 30년 전과 근본적으로 다른 사회예요. 저는 그 변화를 겪은 놀라운 세대죠. 제가 아주 어렸을 때는 집집마다 컴퓨터가 없었어요. 제가 대여섯 살 무렵 애플 IIe 같은 개인용 컴퓨터가 나오기 시작했을 거예요. 저는 이런 변화를 겪었고, 이제 우리는 완전히 다른 세상에서 살고 있습니다. 그렇기 때문에 엔지니어링에도 다른 방식으로 접근해야 합니다.

● **윤** 어렵고 복잡한 상황에 맞서 보다 나은 알고리즘을 개발하기 위해 노력하는 것이 즉각적인 보상을 받을 수 없는 일이기에 더욱 쉽지 않은 것 같습니다. 그 보상은 30년 후, 어쩌면 몇백 년 후 받을 수도 있을 거예요. 마치 기후변화에 대응해나가는 노력처럼 말이죠. 이러한 이슈는 즉각적 보상을 기대할 수 있는 전통적인 문제에 비해 사람들의 노력과 관심을 하나로 모으는 것이 무척 어렵죠. 이러한 장벽에도 더 많은 사람들과 젊은 엔지니어가 보다 지속 가능하고 더 나은 알고리즘을 위해 기울이는 열정을 이어간다면, 함께 마음을 모

이제 우리는 완전히
다른 세상에서 살고 있습니다.
그렇기 때문에 **지금 우리는**
엔지니어링에도 다른 방식으로
접근해야 합니다.

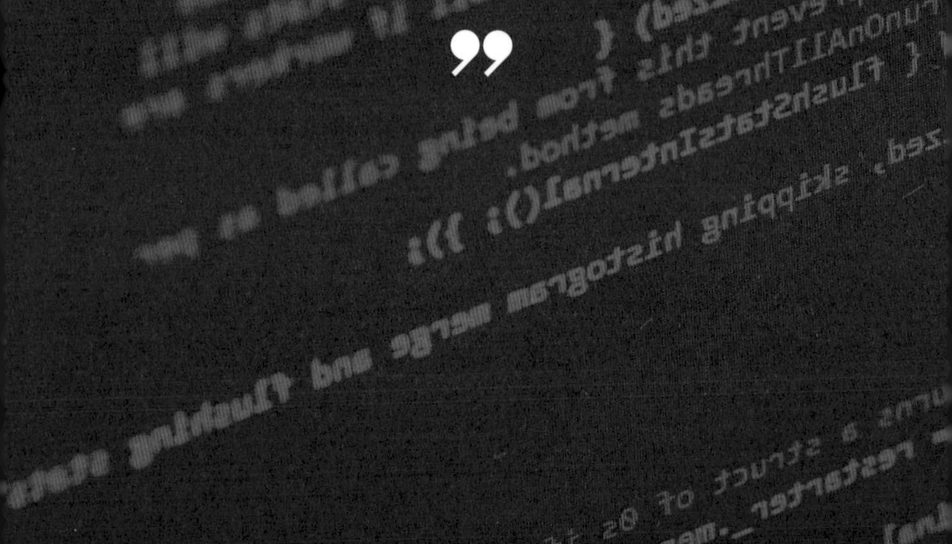

아 시간을 쏟고 실질적인 노력을 계속 기울여나간다면 분명 사회를 위해 긍정적인 효과를 불러오게 될 것이라고 생각합니다.

◆ **미킨스** 기후변화를 말씀하시니 더욱 와닿는군요. 제 생각으로 우리 세대에서는 10년 내지 30년 이후의 걱정거리라고 여겼던 사안에 대해 오늘날 젊은 세대와 엔지니어는 현재의 문제로 받아들이고 있습니다. 기후변화야말로 지금 당장 닥친 문제죠. 우리는 이미 지구온난화의 영향을 목격하고 있으니까요. 그 현상이 더 긴 시간, 더 큰 규모에 걸쳐 발생하더라도 우리는 이미 그 시간 축에 서 있습니다. 또 온라인상의 괴롭힘이나 허위 정보 유포와 관련된 문제도 우리가 처한 현실입니다.

기업의 경우 근시안적 관점에서는 이런 문제를 제기하는 것이 그다지 시급하지 않을 수 있습니다. 하지만 그저 주주의 이익을 극대화하는 데만 신경 쓴다면, 단기적으로는 회사에 이득이 될 수도 있지만 장기적으로 보면 사실 회사와 사회 모두에 득보다 실이 클 거예요. 태도의 변화가 필요합니다. 희망적인 것은 젊은 엔지니어뿐 아니라 이 분야에 오래 몸담아온 시니어 엔지니어들도 반향을 일으키고 있다는 것입니다. 그들도 이제 우리가 새로운 세상에 살고 있다는 사실을 깨달은 것 같아요.

30~40년 전 대형 캐비닛 컴퓨터mainframe는 주식 트레이더나 핵폭발을 시뮬레이션하는 연구자가 사용하는 것이었죠. 그 시절의 엔지니어들은 자신의 코딩 설계가 사회에 그리 큰 영향을 미치지 않는다고 생각했을 거예요. 하지만 그건 30~40년 전 시각으로 볼 때 그럴 수 있는 이야기입니다. 지금은 더 이상 그렇지 않아요. 우리는 15년 전이라면 슈퍼컴퓨터로 여겼을 물건을 주머니에 가지고 다니잖아요. 정말 멋진 일이지만 매우 우려스러운 일이기도 해요. 그러니 자신의 일이 사회적으로 별 의미가 없다고 생각하는 엔지니어는 경험적으로도 틀린 겁니다. 그래서 저희는 임베디드 에틱스를 비롯한 여러 활동을 통해 이와 같이 수동적인 사고방식을 바꾸려 노력하고 있으며, 앞으로도 이 노력을 이어나갈 것입니다.

● 윤 정말 중요한 일입니다. 바로 지금을 위해서도, 그리고 미래를 살아나갈 세대를 위해서도요. 저는 오늘 교수님과 함께 이야기 나누면서 엔지니어링의 미래에 대해 더욱 희망적인 시각을 갖게 되었습니다. 교수님께서 지향하는 바를 퍼뜨리기 위해 많은 노력을 기울이고 계시고, 보다 나은 미래를 위해 교수님과 뜻을 같이하는 임베디드 에틱스의 리더 팀이 함께하고 있으며, 더 많은 젊은 엔지니어들을 계속 성장시키고 계시니 말이

에요. 저 또한 기업인의 자리에서 같은 목표를 갖고, 이처럼 모호하고 복잡한 문제를 함께 풀어나가는 데 필요한 도움을 계속 주고받을 수 있기를 희망합니다.

◆ **미킨스** 저도 윤송이 님과 함께 이런 이야기를 나눌 수 있어 무척 좋았습니다. 초대해주셔서 고맙습니다.

● **윤** 앞으로도 대화와 연대의 자리가 이어지길 바랍니다. 감사합니다.

옳고 그름의 경계가
사라진 시대,
선을 다시 세우다

5장

세상에 없던 질문

AI [사회] Framework × 알렉스 번

적어도 우리가 함께 이야기를 나눈다면,
가능성은 분명히 있습니다

알렉스 번 Dr. Alex Byrne

미국의 철학자로 매사추세츠 공과대학Massachusetts Institute of Technology: MIT에서 언어학 및 철학 전공 학과장을 역임했으며 현재 철학 교수로 재직 중이다. 오랜 시간 언어학과 철학 분야를 탐구해왔으며, 심리철학을 바탕으로 자기 인식과 인식론에 관심을 가지고 활발한 연구 및 저술 작업을 하고 있다. 저서로는《투명성과 자기 지식Transparency and Self-Knowledge》,《지각과 개연성Perception and Probability》이 있으며, 최근 발표한 논문으로 〈지각과 일상의 사물들Perception and Ordinary Objects〉(2019), 〈개념, 신념, 그리고 지각Concepts, Belief, and Perception〉(2020) 등이 있다.

옳고 그름이 사라진 AI 시대
철학의 역할

인간은 수많은 편견과 모순으로 가득한 존재입니다. 이는 인간을 모방해 정보를 습득하고 학습하도록 프로그래밍된 AI 또한 인간의 편견을 확대·재생산할 수 있다는 의미이기도 합니다. 그러나 인간의 편향성, 편견이라는 주제에는 깔끔하게 떨어지는 정답이 없는 수많은 질문이 뒤얽혀 있습니다. 물론 어떤 편향이나 편견이 특정 집단 또는 개인을 부당하게 대할 위험이 있는 경우라면 그 부정성에 주의를 기울여 접근하는 것이 옳겠지만, 편향이나 편견 자체가 좋은지 나쁜지에 대한 질문은 다른 차원의 문제입니다.

편향성이 꼭 나쁜 것은 아니고 나름의 필요로 인간이 지니고 있는 것이라면, AI에도 그대로 반영하는 것이 맞을까요? 아니면 부정적 측면이 더 많으니 AI에 적용할 때는 편견을 완전히 제거해야 할까요? 그런데 우리가 기술적으로 편견이라는 요소를 통제할 수 있을까요? 통제할 수 있다고 해도, 그렇게 조작하는 것이 과연 올바른 일일까요? 또 우리는 편견이 완전히 제거된 AI를 더 공정하고 윤리적인 AI, 좋은 AI라고 말할 수 있을까요?

이처럼 AI가 선도할 기술 사회에는 옳고 그름을 명확히 가릴 수 없는 수많은 철학적이고 윤리적인 문제가 산재해 있습니다. 기술 혁신에 몰두하는 것 이상으로 기술 윤리에 관한 연구 또한 중요한 문제로 대두되고 있는 시점입니다. AI를 비롯한 현대 기술은 단순한 기능적 측면의 개선에만 머무르는 것이 아니라 인류 사회 전체의 삶에 영향을 줄 만큼 일상에 깊이 스며들어 있기 때문입니다.

이번 대담에서는 미국의 저명한 철학자이자 MIT에서 언어학 및 철학을 가르치고 있는 알렉스 번 교수와 함께 AI와 기술 윤리에 대한 제반 주제들을 탐색해보고자 합니다. 알렉스 번 교수와 함께하는 대화를 통해 과연 AI에게 어떤 윤리적 기준을 적용하는 것이 좋을지, 윤리적인 AI를 만들기 위해 편견을 완전히 제거하는 것이 해답이 될지, 더 나아가 AI를 둘러싸고 발생할 다양한 윤리적 딜레마와 우리 사회에 미칠 잠재적 영향력에 대응해 우리는 어떤 고민과 선택을 해나가야 할지 등, AI 기술 및 사회 윤리에 관한 여러 질문에 대해 다각도로 검토해볼 기회가 되기를 바랍니다.

옳은 선택이란 무엇일까?

윤송이_ ● 윤　　알렉스 번_ ◆ 번

● **윤** 알렉스 번 교수님, 반갑습니다. AI 기술과 윤리라는 주제로 대화를 나눌 수 있도록 시간 내주신 교수님께 진심으로 감사드립니다. AI 기술로 발생할 수 있는 윤리적 딜레마와 다양한 잠재적 영향에 대비해 우리는 어떤 고민을 해야 할지, 또 사회구조적으로 어떤 대안을 만들 수 있을지에 대해 교수님과 함께 두루 살펴보고 싶습니다. 무엇보다 교수님처럼 저명한 철학자와 이 주제로 이야기할 수 있어 영광입니다. 일단 본격적으로 이야기를 나누기 전에 교수님의 연구 관심사에 대해 먼저 소개해주실 수 있을까요?

◆ **번** 윤송이 님과 함께 이야기 나눌 수 있게 되어 저도 기쁩니다. 저는 현재 MIT 철학 교수이며 MIT 언어학 및 철학 전공의 학과장을 지냈습니다. 이처럼 서로 다른 대학원 과정과 교수진을 갖춘 두 전공을 하나로 합쳐 운영하는 것은 매우 드문 사례죠. 저는 대개 심리철학을 중심으로 인간의 심리가 실제 세계, 뇌 등과 어떻게 연결되는지 연구하고 있습니다. 또 저는 인간 스스로가 자신의 정신세계를 어떻게 인지하는지에 관련된 이론인 자기 인식에 대한 연구도 진행해왔습니다. 그 주제로 책도 썼고요. 최근에는 '우리가 아는 것을 어떻게 알고 있는가'라는 것을 주제로 삼는 인식론에도 관심을 가지게 되었습니다. 이런 경력에만 비춰본다면 저는 기술 윤리 전문가는 아닐 것입니다. 하지만 기술 윤리가 새롭게 떠오르고 있는 분야인 만큼 아직 전문가가 많지는 않습니다. 그러니 제가 이 주제로 이야기를 나눠볼 수도 있겠네요.

● **윤** 네, 그럼요. 교수님의 경험과 연구 내용이 이 주제에 대해서도 충분히 의미 있는 통찰을 전해줄 수 있으리라 생각합니다. 철학과 언어학을 오랜 기간 연구해온 교수님의 관점에서 보시기에, 최근 활발히 이루어지고 있는 컴퓨터-인간 상호작용이나 기술 발전과 관련된 AI 분야의 발전 및 확산에 대해 어떻게 생각하시는지요?

트롤리 딜레마

◆ **번** 그동안 AI 분야가 엄청난 발전을 이뤄온 것이 사실이고, 이는 우리 생활에 영향을 미치고 있습니다. AI의 발전은 로보틱스 분야에 큰 변화를 가져왔습니다. AI 없이 로보틱스 기술을 구현할 수 없을 정도죠.

그리고 AI와 관련해서 철학자들이 특히 큰 관심을 보이는 분야로는 자율 주행 차량 기술이 있습니다. MIT의 주디스 톰슨◇ 교수님이 제기한 바 있는, 그 유명한 '전차 문제The Trolly Problem'가 직결되어 있기 때문이죠.

'전차 문제'가 제기하는 기본 내용은 이렇습니다. 전차 한 대가 선로를 따라 빠른 속력으로 달리고 있을 때 한쪽 선로에는 5명이, 다른 쪽 선로에는 1명이 묶여 있습니다. 아무것도 하지 않는다면 5명은 모두 전차와 부딪혀 죽게 되고, 스위치를 당겨 전차의 방향을 바꾼다면 단 1명만 죽게 됩니다. 스위치를 당겨도 되는지, 당겨도 된다면 그 이유는 무엇인지에 대해서는 아주 오래된 윤리학적 문제가 연결되어 있습니다.

◇ 주디스 자비스 톰슨(Judith Jarvis Thomson, 1929~2020)은 미국의 철학자로, 전차 문제는 톰슨을 통해 '트롤리학'으로 불리는 윤리 및 실험 철학, 심리학 등의 하위 분야로 자리 잡게 되었다.

사실 이 전차 문제에는 아주 복잡하고 다양한 변형이 존재하기도 합니다. 그리고 아시는 것처럼 이는 자율 주행 차량의 소프트웨어 문제와도 연결됩니다. 자율 주행 차량이 어떤 상황에서 방향을 바꾸었을 때 자전거를 타고 있는 한 사람은 죽고 인도 위에 있는 다섯 사람은 살 수 있도록 프로그래밍되어 있는 것처럼, 특정 상황에서 자율 주행 차량이 어떻게 반응하도록 프로그래밍을 해야 하는지에 대한 문제 같은 것들 말입니다.

● 윤

전차 문제는 우리가 고심해야 할 아주 중요한 질문을 상기시키는 매우 흥미로운 실험인 것 같습니다. 사람들은 그런 결정적인 순간에 어떤 판단을 내려야 할지 잘 모르니까요. 최근에 제가 읽은 책 중에 옳은 것과 그른 것을 구별하는 방법을 다룬 내용이 있었습니다. 제가 옳다고 생각하는 것이 제 이웃에게는 옳지 않을 수 있고, 마찬가지로 저의 가족이나 친구라고 해도 저와 다른 대륙 혹은 다른 기후대에 살고 있다면 저와 동일한 가치를 공유하지 않을 수 있다는 것이죠. 결국 우리는 옳고 그름을 명확히 알 수 없으며, 우리의 판단이 항상 객관적이라고 자신할 수 없다는 것입니다.
이처럼 인간 자체가 결점을 갖고 있다면, 인간의 지능을 본떠서 만드는 AI의 결정 또한 무조건 옳다고 볼 수

전속력으로 달리는 전차의 방향을 바꾸지 않는다면 5명이,

방향을 바꾼다면 1명이 죽는다.

당신은 방향을 바꿀 것인가, 말 것인가? 어느 쪽이 옳은 선택일까?

없겠지요. 그렇다면 AI를 윤리적으로 옳은 방향으로, 사회적으로 수용 가능한 방향으로 설계하는 것이 가능할까요? 그런 방향으로 프로그래밍되기를 기대하고, 그렇게 되도록 하려면 우리는 무엇을 어떻게 해야 할까요?

◆ **번** 굉장히 좋은 질문입니다. 그런데 사실 그러한 질문은 오래전부터 존재해왔습니다. 혹시 아이작 아시모프의 SF 소설을 읽으셨는지 모르겠지만, 읽으셨다면 아시모프가 제시한 로봇의 3원칙을 기억하실 거예요. 사실 정확히 기억은 나지 않지만 아마도 첫 번째 원칙이 '사람을 해쳐서는 안 된다'일 것입니다. 이 원칙은 로봇이나 AI가 행동하는 방식을 제안하는 기초적인 원리가 되었고, 지금까지도 해당 주제에 대한 많은 논문이 발표되고 있습니다. 물론 무엇이 가장 올바르고 좋은 방안인지에 대한 확실한 답은 나오지 않았지만요.

일반적으로 어떤 사회에서, 특히 민주주의 사회에서 무엇이 옳은 정책인지 모두의 합의를 얻는다는 것은 쉽지 않죠. 구체적인 윤리 문제에 대한 것으로 범위를 좁힌다고 해도 마찬가지일 것입니다. 예를 들어 '이런 상황에서 정확히 옳은 결정이란 무엇일까?', '윤리적 관점에서 우리가 도입해야 하는 정책은 어떤 것일까?', 아니면 '정의는 우리에게 무엇을 요구하는가?' 같은 문제처럼 말이죠. 부자에게서 돈을 빼앗아 가난한 사람들에게 주는 것이 정의로울까요? 만약 부자들이 다른 사람의 돈을 훔친 게 아니라 정직하게 돈을 벌었다면 그들의 허락 없이 돈을 빼앗는 건 정의로운 일이 아니겠죠. 이와 같은 것들은 정치철학자들이 수 세기에 걸쳐 논의해온 복잡한 문제입니다. 저는 AI가 이런 종류의 새로운 문제를 야기한다고는 보지 않습니다. 결국 어느 순간 우리는 서로의 다름을 인정하거나, 앞으로 나아갈 방향에 대해 깔끔하지 못한 타협을 해야 할 때가 올 것입니다.

그래서 제 생각에는 우리 스스로가 정답이나 옳은 기준이 무엇인지 모르는 상황이라면… 글쎄요. 예를 들어 〈라이언 일병 구하기〉라는 영화를 기억하실 텐데요. 그 영화에서는 단 1명의 일병을 구하기 위해 군대가 파견되는데, 장군의 입장에서 보면 그러한 결정을 하는 것이 전략적인 면에서나 상징적인 면에서도 충분히 납득이 갈 만한 일이었습니다. 하지만 그 미션을 완수하기 위해 희생된 사람의 숫자만 세어본다면, 그것이 그 순간 옳은 결정이었는지는 여전히 의문이라는 것이죠.

마찬가지로 방금 윤송이 님께서 언급하신 옳고 그름의 모호함이라는 것이 '전차 문제'와 매우 관련이 깊은 이야기입니다. 이러한 문제가 얼마나 어려운 문제인지 보

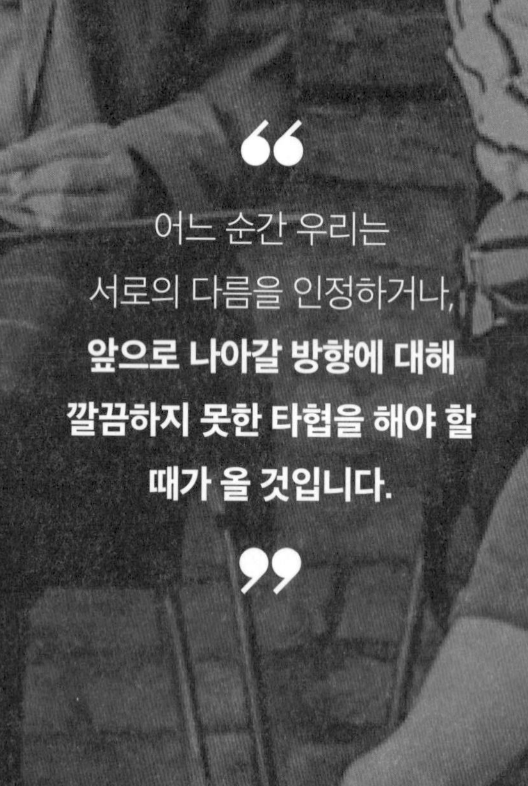

어느 순간 우리는
서로의 다름을 인정하거나,
앞으로 나아갈 방향에 대해
깔끔하지 못한 타협을 해야 할
때가 올 것입니다.

여준다고 할 수 있겠죠. 사람들에게 "당신이 전차 문제와 같은 상황에 놓였다면, 스위치를 당겨 5명을 구하고 1명을 희생시킬 건가요?"라고 묻는다고 가정해보죠. 대부분의 사람들은 "네, 스위치를 당겨야겠죠. 스위치를 당기면 비록 한 사람이 죽겠지만 적어도 그것이 잘못된 선택은 아닐 거예요"라고 말할 것입니다. 더 적은 수가 희생되는 쪽을 선택하는 게 더 나은 원칙으로 여겨질 수 있습니다. 그렇다면 그 원칙을 따르게 되겠죠.

이렇게 다수보다는 소수를 희생하는 것이 하나의 원칙은 될 수 있지만, 좀 더 생각해보면 더 나은 원칙이 아닐 수 있다는 걸 알게 될 것입니다. 이와 관련해 윤송이 님께서 들어보셨을 법한 사례가 있습니다. 아주 건강한 남자가 어머니를 뵈러 병문안을 왔다고 가정해보죠. 병원에는 5명이 있습니다. 그들 각각에게는 심장, 간, 신장 등의 장기가 필요하며, 장기를 기증받지 못하면 곧 죽게 됩니다. 어머니를 뵈러 온 이 무고한 남성의 배를 갈라서 다섯 사람에게 장기를 나눠준다면, 우리는 한 사람의 희생으로 다섯 사람을 구할 수 있습니다. 하지만 다섯 사람을 구하기 위해 무고한 한 사람을 죽여야 하냐고 묻는다면, 대부분은 당연히 안 된다고 할 것입니다.

그러므로 더 많은 생명을 살리기 위해 소수를 죽이는 선택은 결국 절대적인 원칙이 아닙니다. 원칙은 그보다

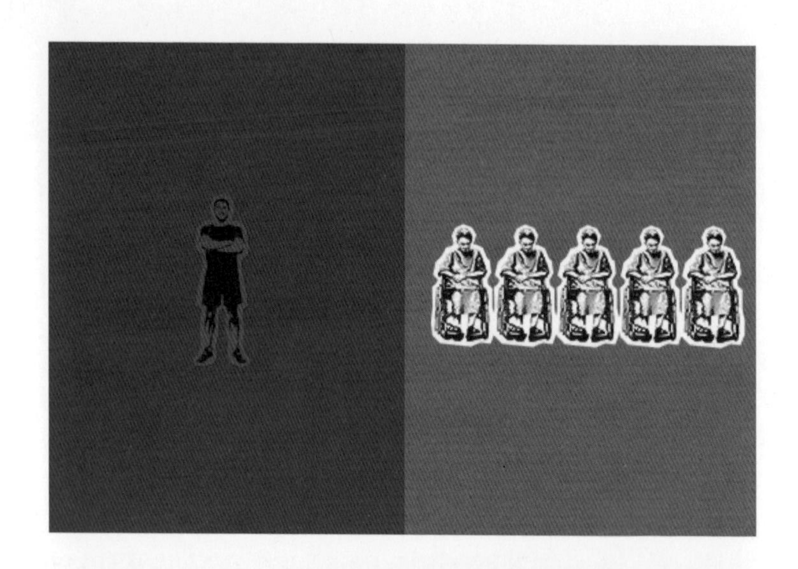

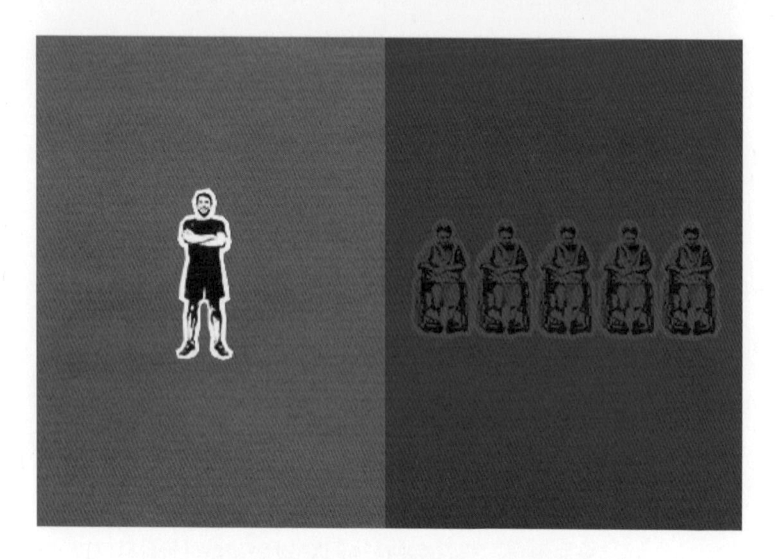

죽기 직전의 환자 다섯을 살리기 위해 무고한 한 사람을 죽여도 될까?
흔히 옳은 선택이라고 여기는
'소수보다 다수'가 절대적 원칙은 아니다.

더 복잡한 것이죠. 그래서 윤리가 어렵다는 것입니다.

AI 시대의 딜레마, 문제 해결을 위한 출발선에서

● 윤 정말 그렇습니다. 이러한 윤리적 문제는 사실 새로운 문제라기보다는 우리 주위에 항상 존재해온 문제라고 할 수 있겠죠. 그렇지만 동시에 일상에 큰 영향을 주는 소프트웨어나 서비스에 특정 윤리 기준이나 의사 결정 프로세스를 적용하는 대형 테크 기업이 등장했고, 사람들은 흔히 이 기업들이 특정 기준을 충족할 것이라고 기대합니다. 하지만 그 기준이 무엇인지, 어디에서 비롯되었는지 명확히 짚어낼 수 없기에 더욱 어려움을 겪는 것이 오늘날의 상황이 아닐까 싶습니다.

자신이 원하는 정보만 선택적으로 받아들이는 에코 체임버가 확산되고, 각자 자신만의 관점에 갇힌 채 대화를 단절함으로써 사회가 극도로 분열되고 있는 것은 기술 성장에 따른 사회적 합의 없이 광범위하게 활용되는 특정 기준과 연관된 것 같습니다. 그래서 저는 첨단 기술 도입과 적용으로 발생할 수 있는 잠재적 악영향을 최소화하기 위한 모종의 사회적 합의가 시급하다고 생각합니다.

“

더 많은 생명을 살리기 위해
소수를 죽이는 선택은
결국 절대적인 원칙이 아닙니다.
원칙은 그보다 더 복잡한 것이죠.
그래서 윤리가 어렵다는 것입니다.

◆ **번** 동의합니다. 하지만 때로는 합의 유무가 핵심 문제가 아닌 경우도 있어요. 합의가 이미 존재하기 때문입니다. 모두가 "음, 이건 나쁜 짓이야" 하고 동의하는 것이죠. 그럼에도 나쁜 상황이 지속되는 이유는 그것을 예방할 수 있는 인센티브 구조가 없기 때문입니다.

예를 하나 들어볼게요. 최근 페이스북이 자사가 소유하고 있는 인스타그램 앱에 특정 AI를 적용했음을 더욱 확신하도록 해주는 상황이 보도되었습니다.[1] 앱 사용자가 과거에 둘러본 이미지나 관심 분야에 따라 다양한 이미지를 노출하는 기능을 갖춘 AI입니다. 이러한 기능이 10대 청소년, 특히 10대 소녀의 정신 건강에 해롭다는 증거가 존재합니다. 아이들이 자신의 외모나 다른 사람들의 평가에 지나치게 신경 쓰게 되는 등 신체 이미지와 관련된 문제를 일으킬 수 있다는 것입니다. 모두가 이건 나쁘다는 것을 인정합니다. 그 부분에 대해서는 완전한 합의가 이루어졌다고 할 수 있죠.

문제는 이러한 일을 어떻게 막느냐는 것입니다. 이 일은 실제로 발생했고 페이스북도 이것이 나쁜 일이라는 것을 분명히 알고 있었습니다. 페이스북이 사용한 알고리즘이 어린 여성의 정신 건강에 해롭다는 내부 연구 문건이 있었지만, 페이스북이 이 기능을 사용하지 않도록 막을 수 있는 효과적인 인센티브는 없었습니다.

그래서 저는 오늘날 AI를 둘러싼 많은 문제에 대해서는 사람들이 그것이 나쁘거나 해로운 일이라는 데 동의하도록 하는 것보다, 처음부터 그러한 피해를 방지할 수 있는 구조를 마련하는 것이 더 필요하다고 생각합니다.

● **윤** 인센티브의 방향을 조정해야 한다는 말씀이시죠?

◆ **번** 네, 맞아요.

● **윤** 저도 말씀하신 것에 동의하기는 합니다만, 사실 대다수 기업의 경우 특히 회사 대표나 임원이 책임지고 이행해야 할 내부 규정이 있습니다. 그들이 주주의 이익을 극대화하는 방향으로 행동하지 않을 경우에 처벌하는 규제도 명확하고, 기업 이익 수탁자로서 의무를 위반한다면 실제로 처벌도 받게 됩니다. 그러나 기업 임원진들이 10대 소녀의 정신 건강을 중시하지 않는다고 해서 규제를 받거나 처벌받도록 하는 법적, 정책적 제재는 없는 것이죠.
실제로 지금 우리 사회에 정책을 재검토하고, 교수님께서 말씀하신 방향으로 인센티브 구조를 변경하도록 요구하는 제반 움직임이 존재한다고 보시는지요?

◆ **번** 저희가 지금 MIT에서 기술 윤리를 가르치면서 애쓰는 바가 그러한 움직임에 해당한다고 할 수 있습니다. 많은 MIT 학생들이 소프트웨어 개발자가 될 것이고, 인스타그램 같은 프로그램을 만드는 회사에 취직할 것이기 때문이죠. MIT의 기술 윤리 교육의 핵심은, 페이스북 등의 기업에 취직하는 학생들이 자신이 하게 될 작업의 결과를 충분히 생각하도록 돕고 자신이 개발하는 기술이 가져올 결과에 대해 일종의 윤리적 감각을 지니도록 하는 것입니다. 이것은 분명히 도움이 될 것이라고 확신합니다.

그러나 윤송이 님이 기업 규제 법률 사례에서 말씀하신 것처럼, 대학에서 이루어지는 기술 윤리 교육은 우리가 고민하는 문제를 완전히 해결할 수는 없습니다. 사회적 딜레마나 집단 행위 문제가 존재하기 때문이죠.

모든 개인이 선한 의도를 가진다거나, 다른 사람을 해칠 의도가 없다는 것으로는 부족합니다. 현실에는 때때로 잘못된 인센티브 구조가 존재합니다. 그래서 모두에게 진정으로 도움이 되는 정책을 집단적으로 형성하는 것을 불가능하게 하죠. 결국 기술 윤리를 가르칠 때 수행해야 할 교육학적 과제는 각 개인이 윤리적 관점을 접하게 하거나 윤리와 기술과의 관계를 이해하게 하는 것 이상의 문제라고 할 수 있습니다. 어쩌면 기술 윤리 교육이란 민주주의 사회에서 좋은 시민이 되는 것, 즉 일종의 집단적 행위를 통해 사회에 필요한 규제를 마련하는 것이 시민성을 실천하는 것임을 깨닫는 시민을 배출하는 것일 수도 있어요. 때로 어떤 상황에서는 자유 시장경제가 문제를 해결할 수도 있을 겁니다. 하지만 자유 시장경제도 제대로 작동하려면 규제가 필요하죠. 결국 이는 개인 차원의 문제가 아니라, 사회 전체적인 문제라는 것입니다.

● **윤** 하지만 개인이 모여 사회를 구성하는 만큼 각 개인 관점의 변화를 위한 교육학적 노력도 분명 필요하겠지요.

◆ **번** 네, 당연히 옳은 말씀입니다. 다만 제가 말씀드리려는 것은 윤리적 관점을 지닌 개별 학부생을 배출하는 것만으로는 현실적 문제를 해결할 수 없다는 점이지요.

● **윤** 그렇군요. 예상했던 것보다 훨씬 더 어렵고 복잡한 문제네요. 사회 전체적으로 윤리적 관점의 필요를 선명히 부각할 수 있는, 특히 AI를 중심으로 한 기술 분야에 있어서는 그 기술이 미칠 사회적 영향을 충분히 고려하는 정책 형성 및 발생 결과에 적합한 책임을 질 수 있도록 하는 법적 규제의 중요성도 되새겨봅니다.

모든 개인이 선한 의도를 가진다거나,
다른 사람을 해칠 의도가
없다는 것으로는 부족합니다.

편견이 없는 AI가 더 나은 AI일까?

윤송이_● 윤　　알렉스 번_◆ 번

● 윤　'공정성'처럼 일견 간단한 듯 보이는 개념의 경우에도, 어떤 집단에서는 공정하게 여겨지지만 다른 집단에서는 공정한 것으로 받아들여지지 않는 개념이 존재할 수 있다는 생각이 듭니다. 그렇다면 어떤 관점에서 이루어지는 공정함이 가장 중요하다고 말할 수 있을까요? 그것을 누가 결정할 수 있을까요? 이와 같은 문제에 어떻게 접근해야 한다고 보시는지 교수님의 의견을 부탁드립니다.

◆ 번　객관적인 옳고 그름이 아예 존재하지 않는다는 극단적인 형태의 사고가 있습니다. 모든 것이 상대적이라고

보는 것이죠. 내 가치에 비춰 보았을 때는 옳은 일이지만 상대방의 가치에 비춰 보면 옳지 않은 선택일 수 있다는 것입니다. 그리고 중립적으로 결론을 내릴 결정권자도 없다고 말합니다. 알렉스의 가치는 옳은 것이고 윤송이의 가치는 틀린 것이라고 결정할 수 있는 사람은 아무도 없다고 보는 것이죠.

이렇게 극단적인 상대주의 관점으로 생각한다면 사실 어떤 의견도 낼 수 없습니다. 무의미해지는 것입니다. 그리고 그것은 그저 거대한 권력 싸움이 되어버리고 맙니다. 누군가가 힘으로 이길 것인가 아니면 논쟁으로 이길 것인가의 문제가 되거나, 아무튼 결과적으로 누가 이기느냐의 문제가 되겠죠.

물론 그런 상황은 차치하고, 우리가 여기서 논의하고 논쟁함으로써 무언가를 발견할 수 있다는 데 합의한 이후에도 분명 쉬운 해결책은 없을 것입니다. 책장에서 책 한 권을 꺼내 "그런 윤리적 문제에 대한 해답은 모두 여기에 있어요" 하고 말할 수는 없다는 것이죠. 하지만 적어도 우리가 함께 이야기를 나누고 논쟁을 거친다면, 무언가를 발견할 가능성은 분명히 있습니다. 저는 그러한 관점으로 바라보고 싶어요.

AI에 '윤리'를 요구할 수 있을까

● **윤** AI 솔루션에 대해 이야기할 때 항상 등장하는 문제 중 하나는 AI가 여러 면에서 편견을 갖고 있는 인간의 데이터를 기반으로 작동한다는 점, 그렇기 때문에 편견을 확대하고 재생산한다는 점에 대한 것입니다. 인간들이 편견에서 자유롭지 못한 상태에서 과연 AI에 더 높은 윤리 기준을 기대할 수 있을까요?

◆ **번** 말씀하신 것은 분명 문제가 될 만한 일입니다. 이와 관련해 많은 사람이 AI에 관련된 다양한 우려가 담긴 글을 발표하기도 했지요. 얼굴 인식 프로그램이나 기업 지원자의 이력서를 검토하는 AI 등에 대해서요.

제 생각에 여기서는 기술적인 문제와 철학적인 문제를 구분하는 게 도움이 될 것 같습니다. 기술적인 문제라는 것은 예를 들어 어떤 얼굴 인식 소프트웨어가 특정 인종이나 성별을 제대로 인식하지 못하는 경우라면 우리가 이 소프트웨어를 선한 목적으로 사용하느냐, 악한 목적으로 사용하느냐 하는 것이 문제가 되지 않는다는 것입니다. 특정 집단을 정확하게 인식하지 못하는 얼굴 인식 소프트웨어는 아무도 원하지 않을 테니 기술적으로 이 소프트웨어를 개선하는 것이 문제가 되겠죠.

하지만 '공정성'이라는 개념을 다르게 조작operationalization한다고 했을 때 이것은 철학적 차원의 문제가 됩니다. 공정한 결과에 대한 개념을 조작화하는 다양한 산술적 방법이 존재한다는 사실이 드러났고, 사실 그 방법은 모두 호환되지는 않습니다. 하나를 선택하면 다른 하나를 포기해야 하죠. 다른 한쪽을 더 선호한다면 공정성을 조작하는 다른 하나를 포기해야 하고, 그때 어떤 선택을 할지 결정해야 합니다. 따라서 이 경우는 전적으로 기술적인 문제가 아니라, 윤리적이거나 철학적인 문제라고 볼 수 있습니다.

저는 얼굴 인식 소프트웨어와 관련된 많은 이슈, MIT의 젠더 셰이드 프로젝트◇ 같은 이슈는 대부분 기술적인 문제와 관련되어 있다고 생각합니다. 이런 문제는 윤리적인 문제와 비교했을 때 상대적으로 쉽습니다. 물론 기술적인 문제를 해결하는 것도 매우 어려운 것은 사실이지만, 아까 윤송이 님께서 말씀하신 사회적 합의에 대한 문제에는 이의를 제기하지 않는 사람들 간에 나름의 합의가 존재한다는 겁니다. 하지만 이

◇ 젠더 셰이드 프로젝트(Gender Shades Project)는 MIT 미디어랩의 조이 부오라뮈니(Joy Buolamwini) 연구원이 기술 알고리즘이 지닌 편견을 찾아내고자 진행한 프로젝트로, 얼굴 인식 프로그램이 성별 및 인종에 따라 분류 정확도에 차이를 보인다는 사실을 밝혀냈다.

런 사회적 합의조차 존재하지 않는, 훨씬 더 어려운 문제가 분명히 있다는 것이죠.

● **윤** 저는 엔지니어나 테크 기업의 임원조차 제품 개발 과정에서 윤리적이거나 철학적인 기준을 충분히 고려하는 데 익숙하지 않다고 생각합니다. 아시는 것처럼 대부분은 기술적 성과를 달성하기 위한 최적화에만 집중하죠.

하지만 우리가 특정 환경에서 특정 방식으로 특정한 결정을 내리는 기계를 생산한다고 가정해본다면, 예상치 못한 환경이나 상황에서 어떤 결정을 할 수 있도록 일종의 기준을 갖추는 것은 매우 중요해질 것입니다. 이러한 경우 로봇이나 AI가 인간의 윤리적 기준보다 더 높은 가치 기준을 갖추어야 할지, 아니면 온갖 종류의 단점이나 편견 등으로 얼룩져 있는 대다수의 인간처럼 행동해야 할지에 대한 문제가 드러나는 것이죠. 그리고 이 문제는 결국 AI에 '더 나은 성과란 무엇인가'라는 문제로 되돌아갑니다. 우리는 지금까지 굉장히 선형적인 기준으로 AI의 성능을 측정해왔습니다. 만일 우리가 AI에게 더 높은 수준의 윤리 기준을 기대한다면 AI를 평가하는 방식도 바뀌어야 할까요?

◆ **번** AI가 인간이 낼 수 있는 성과를 뛰어넘을 수 있는 몇 가지 경우를 생각해보게 됩니다. AI는 인간의 일반적인 능력은 뛰어넘을 수 없을지 몰라도, 윤리적 결정에서는 인간의 판단 능력을 넘어설 수도 있다고 봅니다. 예를 한 가지 들어보겠습니다. 제가 어떤 편견을 가지고 여성과 남성의 이력서를 평가한다고 해보죠. 제가 이력서를 평가할 때 여성보다 남성을 좋게 보는 경향이 있다고 가정하면, 이론적으로는 이력서 평가에서 저와 동일한 의사 결정 과정을 따르되 성별에 대한 편견이 없도록 AI를 프로그래밍할 수 있겠죠. 그렇게 되면 AI는 저와 동일하지만 남성에 대한 선호를 뺀 저 자신이 됩니다. 실제의 저보다 약간 더 나은 버전의 제가 되는 거죠. 이러한 방식이 AI가 인간보다 더 나은 성과를 내는 방법 중 하나가 될 겁니다.

물론 AI는 인간의 윤리적 추론과는 질적으로 매우 다른 사고를 할 가능성이 큽니다. 우리가 직관적으로 절대 옳지 않다고 여기는 선택이더라도 AI는 선택할 수 있는 거죠. 하지만 사실상 AI는 인간보다 윤리에 대해 더욱 깊이 이해하며, 윤리 규칙이 어떻게 작동하고 서로 균형을 유지하는지에 대해 인간보다 더 심도 있는 지식을 갖추고 있습니다. 인간이라면 결코 해낼 수 없는 수학 계산을 컴퓨터가 계산하는 것과 비슷한 상황인 것이죠. 인간은 몇십억 단위의 몇백 제곱이 얼마라는, 자신이 생각할 수도 없는 정답을 컴퓨터가 찾아낼 때 놀라워할 뿐입니다.
그래서 우리는 윤리적 영역에서도 AI가 잘해낼 거라는 환상에 빠져들게 되는 것입니다. 그저 AI가 찾아낸 해결책에 감탄하며 그대로 진행하자고 생각하는 거죠. 누가 이런 것을 상상이나 했을까요? 저는 사회적, 도덕적 측면에서도 이런 요구가 나타나리라고는 생각도 못 했어요. 인간의 직감과는 상충하는 것처럼 보이니까요. 그러나 이제는 기계의 선택을 신뢰해야 한다는 것이죠.
이러한 생각들은 그저 환상에 지나지 않을 수도 있지만, 상상해볼 만한 가치는 있다고 생각합니다. 원론적으로 봤을 때 이런 상황이 정말 발생할 수 있는지 생각해보는 것은 매우 흥미로운 일입니다. 윤리의 근본적인 진실이란 평범한 인간이 접근하기에 너무 어려운 것이기에 오직 소수의 강력한 AI만이 그것을 제대로 이해할 수 있다는 식의 가정에 대해서 말이죠.

AI와 편견

● **윤** 평범한 인간은 한계가 있고, 편견과 단점으로 가득 차 있는 것이 사실입니다. 하지만 동시에 그 편견이나 단

점은 우리의 진화와 경험이 반영된 것이기도 합니다. 혹은 우리가 특정한 환경에서 수년간 살아오며 습득한 지름길일 수도 있죠.

질문을 위한 질문을 해보자면, 우리가 어떻게 '편견의 완전한 부재'가 더 나은 전략이라거나, 옳은 것이라고 확신할 수 있을까요? 우리 사회가 어떤 이유로 더 많은 편견을 지니는 방향으로 진화해온 것이라면요? 절대적인 의미에서 진정으로 옳고 그른 것이 무엇인지 알 수 없다면, 모든 것은 상대적이게 되죠.

그리고 모든 것이 상대적이라면 우리는 어떻게 '편견의 완전한 부재'가 항상 옳고, 더 나으며, 더 우월한 윤리적 가치라고 할 수 있을까요? 그래서 우리는 또 다른 딜레마에 빠지게 된다고 생각합니다.

◆ **번** 맞아요. 제 생각에는 그 문제가 바로 편견의 의미인 것 같아요. 어떻게 보면 편견이 있는 것 자체가 나쁜 것은 아닙니다. 예를 들어 이력서를 검토할 때 좋은 학점이나 인상적인 경력 등을 선호하는 편견을 가진다면 그건 좋은 거죠. 하지만 특정 성별이나 인종의 이력서를 더 선호한다면 그건 나쁜 것이죠.

그러니까 중립적인 의미로 편견을 이해한다면, 좋은 판단에는 모종의 편견이 개입되는 것이고 그것은 부끄러워할 일이 아닙니다. 그리고 대체로 일반적인 의미에서 편견이란 현재 자신의 결정과 상관없는 요소를 고려한다는 것이죠. 만약 우리가 이처럼 상관없는 요소가 무엇인지 가려낼 수만 있다면, 제 생각에는 AI 자체가 이런 무관한 요소를 배제해 편견 문제를 해결하는 데 적합할 듯싶습니다. 보통 사람들이 지적을 받는다 하더라도 자신의 판단에 무관한 요소를 무시하기 어려워하는 것과는 다르게 말이죠.

윤리적인 AI를 향한 노력

윤송이_ ● 윤 알렉스 번_ ◆ 번

● 윤 어느덧 저희가 함께 나눌 마지막 주제로 넘어가게 되었습니다. 이제 피할 수 없는 미래인 AI 혁명 시대를 맞이하며 윤리적인 AI 기술을 위해 우리는 어떤 준비를 해야 할지, 그리고 그 과정에서 철학과 철학자의 역할은 무엇일지 이야기 나누고 싶습니다. 교수님께서는 철학자의 관점에서 우리 사회가 현재 마주한 문제를 어떻게 바라보고 계시는지요? 그리고 그러한 문제가 과거 인류가 겪어온 문제와는 어떻게 다르다고 보시는지요? 또 교수님의 입장은 어떠신지 궁금합니다. 우리가 이러한 문제를 해결해나갈 수 있다고 낙관하시는지요?

◆ **번** 정말 넓은 범위의 질문이군요. 우선, 미래에 어떤 일이 벌어질지에 대한 질문에 답을 하기엔 저는 자격이 매우 부족합니다. 제가 1990년대에 MIT에 처음 왔을 때 사무실에서는 초기 형태의 인터넷을 사용하고 있었습니다. 그때 저는 동료들에게 인터넷이 결코 대중적으로 보급되지 못할 거라고 이야기했습니다. 그러니까 저는 미래 예측에는 아주 소질이 없어요.

사회와 정치에 대한 미래 트렌드 예측과 관련해서도 그간 많은 사람이 얼마나 형편없는 성과를 거두어왔는지 되돌아보면, 그에 대한 트렌드 예측은 흔히 매우 어렵다고들 하는 기후 예측이나 코로나 바이러스 확산 예측보다 훨씬 더 어렵다는 것을 알 수 있습니다. 코로나 예측만 살펴봐도 수많은 병리학적 모델이 완전히 틀린 것이었다는 결과가 드러나기도 했지요.

미래 예측이 특히 어려운 이유 중 하나는, 우리가 미처 예상하지 못하는 꽤 가까운 미래에 AI 영역에서 이루어질 극적인 발견이나 발전 때문입니다. 그런 발전은 우리가 갖고 있는 것에서 자연스레 발생하는 것이 아니거든요. 누군가가 완전히 새롭고 중대한 발견을 하거나, 트랜지스터의 발명 같은 아주 새로운 기술이 개발될 겁니다. 인간의 양방향 소통이라는 것은 매우 복잡하게 상호 연계된 시스템이라, 항상 예측하기란 굉장히 힘든 일입니다. 게다가 앞서 말씀드린 상황 때문에 미래 예측은 더더욱 복잡하고 어려워질 겁니다.
그래서 저는 미래가 어떻게 될지 정말 잘 모르겠지만, 비관적일 필요는 없다고 생각합니다. 저는 물컵에 물이 반밖에 없다고 생각하기보다는 반이나 차 있다고 생각하는 편이거든요. 새로운 AI 기술은 분명히 긍정적으로 작용할 수 있는 엄청난 잠재력이 있습니다.

● **윤** 그렇군요. 정말 좋은 말씀입니다.

◆ **번** 네, 저도 사실 윤송이 님의 생각이 어떤지 질문을 드리고 싶었습니다. 방금 저에게 하신 미래를 바라보는 시각에 대해 윤송이 님의 답은 무엇인가요?

● **윤** 교수님께서 말씀하신 것처럼, 저 또한 미래에 무슨 일이 일어날지 아이들보다도 더 나은 답을 알지 못합니다. 다만 저는 AI 기술이 가져올 사회적 영향력이나 파급효과가 20~30년 전 상황이나 그 당시의 예측보다 훨씬 더 커졌다는 점은 중요하게 다뤄야 한다고 봅니다. 우리 모두가 기술 윤리를 둘러싼 문제나 사회적 영향력을 제대로 언급하고 충분히 고려할 수 있는 올바른 틀을 갖춰야 한다고 생각해요. 그것이 바로 엔지니

어나 기업 경영자가 갖춰야 하는 중요한 도구이고, 어떤 알고리즘을 실제로 적용하기 전에 그것이 미칠 사회적 영향을 고려하고 배울 수 있는 도구죠. 그래서 저는 특히 대학 학부생들이 불확실하고 혼란스러운 사회에 진출하기 전에 이런 도구에 대해 배우는 것이 더욱더 중요해졌다고 생각합니다. 학생들 스스로 질문을 던지며 보다 책임감 있는 자세로 문제를 해결할 수 있도록 말이죠.

◆ **번** 그렇게 말씀하시니 무척 힘이 나네요. 윤송이 님 같은 분들이 이러한 문제에 대해 계속 목소리를 내주시는 것이 중요하다고 생각합니다.

AI 시대, 철학으로 바라보다

● **윤** 오늘 저희는 주로 정답이 없는 문제에 대해 이야기한 것 같아요. 옳은 것과 그른 것을 구별하는 문제처럼 말이죠. 무엇이 편견이고 공정인지와 같은 문제도 그렇고요. 반면 우리는 기계와 알고리즘이 이처럼 답이 없는 문제에 대해 명확한 판단력을 먼저 갖추기를 기대하고 있습니다. 그렇다면 이는 새로운 기술을 개발하고 그 기술로 사회를 발전시키는 전통적인 방식이 바

꿔어야 한다는 것을 의미할까요? 우리가 맞이할 미래에 대해 사회적 합의를 이루고 이해도를 높이기 위한 사회적 담화는 무엇이며, 철학자와 윤리학자의 역할은 무엇이라고 보시는지요?

◆ **번** 네, 말씀하신 질문은 철학자의 역할에 대한 것이 하나의 문제고, 또 다른 문제는 우리가 얼마나 많은 의사 결정을 AI나 슈퍼컴퓨터에 떠넘길 것이냐 하는 것입니다. 아시다시피 대부분 AI는 데이터에서 다양한 패턴을 찾아내거나 데이터를 다양한 차원에 따라 정렬하는 도구로 활용됩니다. AI를 통해 추출한 데이터와 관련해 의미 있는 의사 결정을 내리는 것은 바로 인간이죠. 그러니까 매우 추상적인 문제는 '우리 인간은 과연 어떤 상황에서 기계가 의사 결정을 내리도록 할 것인가' 입니다.

윤송이 님이 6개월 실형을 받았다고 가정해봅시다. 과거 범죄 기록을 토대로 기계는 재범 가능성에 대해 다양한 예측을 합니다. 그렇게 해서 나온 결과를 토대로 인간은 기계의 의견이나 제안을 무조건적으로 따르는 게 아니라 자신만의 결정을 하게 되는 것이죠. 이것이 하나의 쟁점이고요.

완전히 다른 또 하나의 쟁점은 '이 모든 과정에서 철학자의 역할은 무엇인가' 하는 것입니다. 저나 제 동료들

“

우리 인간은

과연 어떤 상황에서

기계가 의사 결정을 내리도록 할 것인가?

이 이러한 주제에 많이 관여하고 있기에 MIT 슈워츠먼 컴퓨팅 대학[2]에 대해 말씀드릴 수 있는 좋은 기회인 것 같습니다. 현재 저희는 엔씨소프트의 지원에 힘입어 'NC 기술 윤리 펠로십' 프로그램을 운영 중이고, 해당 과목 수강 신청 정원이 초과되기도 했습니다. 이러한 쟁점에 대해 학생들이 많은 관심을 갖고 있다는 것을 알 수 있죠.

그리고 MIT 철학과는 학과장이 후원하는 또 하나의 기술 윤리학 과정으로 슈워츠먼 컴퓨팅 대학에서 컴퓨팅의 사회적, 윤리적 책임을 다루는 학과인 'SERC◇'를 운영하고 있고, 지금 3명이 해당 전공의 박사 후 과정을 밟고 있습니다. 그러니까 기술 윤리에 대해 MIT에서 진행하는 일은 굉장히 많고 철학 또한 그 안에서 큰 역할을 하고 있습니다. 그리고 저는 고등교육에서 일어나는 이러한 움직임이 전국적, 세계적으로 진행되고 있다고 확신합니다. 앞으로 기술 윤리 영역에서 철학이 대중 앞에 나서는 일이 늘어날 것입니다. 게다가 또 다른 중요한 지표인 기술 윤리 영역에서 일자리 수가 짧

◇ SERC(Social and Ethical Responsibilities of Computing)란 MIT의 슈워츠먼 컴퓨팅 대학 내 프로그램으로 컴퓨팅 활동에 대한 사회적, 윤리적, 정책적 과제를 다룬다. 교육, 연구 및 참여 프레임워크를 통해 학생들을 교육하며, 컴퓨팅과 관련된 광범위한 문제를 해결하도록 돕는 연구를 수행하고 있다.

은 기간 거의 제로에서 꽤 높은 수로 증가했습니다. 한 마디로 철학이 기술 윤리 분야를 포용한다는 사실은 확실하다는 것입니다.

● **윤** 좋습니다. 질문을 하나 더 보태자면, 사회에 폭넓은 영향을 미칠 수 있는 기술을 도입하는 방식이 변해야 한다고 생각하나요? 예를 들어 예상치 못한 결과를 미리 점검하기 위한 윤리적 검토가 필요할까요?

◆ **번** 네, 물론이죠. 저희는 이미 모든 종류의 과학적 연구에서 연구 윤리 위원회 같은 윤리적 검토 시스템을 갖추고 있습니다. 제 생각에 기술 영역에도 그런 시스템을 도입하는 것은 좋은 아이디어라고 봅니다. 부수적으로 MIT에서는 기술 윤리에 대한 많은 사례 연구를 SERC 웹사이트에 올려놓았습니다.[3] 해당 연구 결과는 무료로 이용 가능하며, 계속 추가되고 있습니다. 이런 쟁점에 대해 더 많은 것을 알고 싶은 분들에게는 유용한 자원일 것입니다.

● **윤** 맞습니다. 다양한 사례 연구가 이어지는 것도 기쁜 일이지만, 인터넷 기술을 통해 언제 어디서나 이러한 자료에 접근할 수 있다는 점도 무척 기쁘고 감사한 일입니다. 고맙습니다. 또 기술 윤리 주제와 관련해 여러모

로 애쓰는 MIT의 노력에 필요한 힘을 보탤 수 있어 참 의미 깊습니다. 엔씨소프트와 MIT의 교류를 통해 이 분야가 더욱 빠르게 발전하기를 바랍니다.

◆ **번** 지원해주셔서 다시 한번 감사드립니다. 진심으로 감사하고 있습니다.

● **윤** 저희야말로 교수님과 MIT가 지속해오고 있는 노력과 성과에 감사드립니다. 오늘 대화를 통해 그 과정을 되새겨볼 수 있어 더욱 의미 깊었습니다. 감사합니다.

참고 문헌

1장. 신인류의 미래

1 2021년 미 전산연구협회(CRA) 털비 조사; HAI AI Index 2022

2 2021년 미 전산연구협회(CRA) 털비 조사; HAI AI Index 2022

3 https://docs.house.gov/billsthisweek/20201207/CRPT-116hrpt617.pdf

4 https://www.ai.gov/naiio

5 https://www.nist.gov/itl/ai-risk-management-framework

6 https://hai.stanford.edu/policy/policy-resources/summary-ai-provisions-national-defense-authorization-act-2021

7 https://hai.stanford.edu/policy/national-research-cloud; http://www.aitimes.com/news/articleView.html?idxno=130059; https://now.k2base.re.kr/portal/trend/mainTrend/view.do?poliTrndId=TRND0000000000039681&menuNo=200004&pageIndex=; https://www.nytimes.com/2020/06/30/technology/national-cloud-computing-project.html

8 https://www.congress.gov/bill/116th-congress/senate-bill/3890/all-info

9 2021년 블룸버그 거버먼트; HAI AI Index 2022

10 https://hai.stanford.edu/2019-fall-conference-ai-ethics-policy-and-governance

2장. 피할 수 없는 딜레마

1 https://www.theguardian.com/technology/2014/jun/29/facebook-users-emotions-news-feeds

2 조귀훈(2013). 국제적 수준의 생명 윤리 확립 방안: 기관 생명 윤리위원회 역할 강화를 중심으로. 생명윤리포럼, 2(1), pp. 1~5; 조성연(2018). 사회행동과학연구에서의 생명 윤리와 기관생명윤리위원회(IRB)의 이해. 한국보육지원학회지, 14(2), pp. 1~17; 황상익(2017). 한국 생명 윤리의 과거와 현재. 생명, 윤리와 정책, 1(1), pp. 31~55; 국가법령정보센터(2021. 12. 30). 생명 윤리 및 안전에 관한 법률. https://www.law.go.kr/%EB%B2%95%EB%A0%B9/%EC%83%9D%EB%AA%85%EC%9C%A4%EB%A6%AC%EB%B0%8F%EC%95%88%EC%A0%84%EC%97%90%EA%B4%80%ED%95%9C%EB%B2%95%EB%A5%A0. 2022.08.12에 인출

3 https://web.stanford.edu/class/cs182

4장. 융합의 시작

1 https://www.tandfonline.com/doi/abs/10.1080/1369118X.2018.1499793?journalCode=rics20

2 우원재(2021), '좋아요' 살인시대: 집단이라는 괴물에 맞서는 당신에게, 서울: 양문; 이성규(2021), 반향실 효과와 사회공학, 언론사람, vol. 256, pp. 5~6; 조진형, 김규정(2022), 소셜 미디어에서 에코 체임버에 의한 필터버블 현상 개선 방안 연구, 한국콘텐츠학회논문지, 22(5), pp. 56~66

3 https://www.wsj.com/news/types/the-facebook-files

5장. 세상에 없던 질문

1 https://www.wsj.com/articles/facebook-knows-instagram-is-toxic-for-teen-girls-company-documents-show-11631620739

2 https://computing.mit.edu

3 https://mit-serc.pubpub.org

가장 인간적인 미래

초판 4쇄 발행 2023년 1월 10일

지은이 윤송이
펴낸이 권미경
편집장 이소영
마케팅 심지훈, 강소연
디자인 표지 디자인[★]규 | **본문** 마인드윙
교정교열 이정현
펴낸곳 (주)웨일북
등록 2015년 10월 12일 제2015-000316호
주소 서울시 서초구 강남대로95길 9-10, 웨일빌딩 201호
전화 02-322-7187 | **팩스** 02-337-8187
메일 sea@whalebook.co.kr | **인스타그램** instagram.com/whalebooks

ISBN 979-11-92097-31-2 03100

소중한 원고를 보내주세요.
좋은 저자에게서 좋은 책이 나온다는 믿음으로, 항상 진심을 다해 구하겠습니다.